Faktastisch sinnlos

Unnützes Wissen trifft künstliche Intelligenz

Über 600 Fakten aus der KI-Datenbank, die selbst den Ernst des Lebens zum Lachen bringen

Björn Weickert

FAKTASTISCH SINNLOS

UNNÜTZES WISSEN trifft künstliche Intelligenz

Impressum

Deutschsprachige Erstausgabe August 2023

Ladungsfähige Adresse des Herausgebers oder Autors

Covergestaltung und Satz: Wolkenart - Marie-Katharina Becker, www.wolkenart.com
Lektorat:
Korrektorat:
Herstellung und Verlag:

1. Auflage

ISBN:

INHALT

WILLKOMMEN IM DIGITALEN WISSENSUNIVERSUM!

Warum KI das unnützeste Wissen liebt

Künstliche Intelligenz – so leistungsfähig und rational sie auch ist – hat eine erstaunliche Vorliebe für das, was viele von uns als „unnützes Wissen" abtun würden. Warum? Vielleicht liegt es daran, dass sie keine kulturellen oder praktischen Grenzen kennt und uns zeigt, dass Wissen nicht nur dann wertvoll ist, wenn es direkt anwendbar ist. Für die KI ist alles Wissen relevant, alles ist potenziell interessant, alles ist eine Möglichkeit, Muster zu erkennen, zu kategorisieren und zu verstehen – selbst, wenn es sich dabei um die merkwürdigsten, skurrilsten und am wenigsten „praktischen" Fakten handelt.

Die Tatsache, dass eine Maschine in der Lage ist, aus unzähligen Datenströmen bizarre und erstaunlich unnütze Informationen zu extrahieren, ist ein Beweis dafür, dass auch das Absurde seinen Platz in der Welt des Wissens hat. So könnte man fast sagen: Die KI liebt das unnützeste Wissen, weil es ein Tor zu unendlich vielen Perspektiven und unerforschten Möglichkeiten öffnet. Und wir als Menschen? Nun, wir lachen darüber, lernen von ihr und staunen über die Eigenheiten, die wir in unserem Alltag oft übersehen.

Was dich erwartet: Ein Abenteuer in der Welt der absurden Fakten

In diesem Buch wirst du auf eine Reise durch die kuriose und oft witzige Welt des unnützen Wissens gehen – und du wirst nicht nur staunen, sondern garantiert auch schmunzeln. Über 1.000 Fakten, die von Künstlicher Intelligenz aus der riesigen Datenbank der Welt extrahiert wurden, warten darauf, entdeckt zu werden. Aber keine Sorge: Du wirst keine trocken-wissenschaftlichen Theorien oder langweilige Zahlenreihen finden. Stattdessen erwarten dich absurde Geschichten, unglaubliche Rekorde, merkwürdige Naturwunder und menschliche Eigenheiten, die du nie für möglich gehalten hättest.

Diese Sammlung von Fakten ist nicht nur ein „Wissensschatz“, sondern vielmehr eine Schatzkarte, die dich zu den unglaublichsten Entdeckungen führt – und all das, während du lachst. Vielleicht wird dir dabei sogar ein kleines Stück deines Alltags ein wenig absurder erscheinen, und du wirst lernen, das Leben mit einer gesunden Portion Humor zu betrachten. Denn wer sagt, dass das Leben immer ernst sein muss, wenn es so viele kuriose, lustige und teilweise absurde Dinge gibt, die uns zum Staunen und Lachen bringen?
Bereit, das unnütze Wissen zu feiern? Viel Spaß bei diesem außergewöhnlichen Abenteuer – und vergiss nicht: Wer nichts weiß, hat noch viel zu lachen!

Kapitel 1

DIE SELTSAME SEITE DER NATUR

Die verrücktesten Fakten aus der Tierwelt

Axolotl können ihre Gliedmaßen, das Rückenmark und sogar Teile ihres Gehirns nachwachsen lassen – ohne Narben!

Der Narwal besitzt einen spiralförmigen Stoßzahn, der bis zu drei Meter lang werden kann.

Pistolenkrebse erzeugen mit ihren Scheren Schallwellen, die laut genug sind, um Beute zu betäuben und das Wasser zu erhitzen.

Kängurus können nicht rückwärts hüpfen.

Der Oktopus hat drei Herzen – zwei pumpen Blut zu den Kiemen, das dritte zum Rest des Körpers.

Schwäne können bis zu 1.000 Kilometer nonstop fliegen.

Ein Koala schläft bis zu 22 Stunden pro Tag – das ist mehr als jedes andere Tier.

Bienen können Gesichter erkennen und sich an sie erinnern.

Kamele haben drei Augenlider, um sich vor Sandstürmen zu schützen.

Der Pangolin ist das einzige Tier, das sich wie ein Ball einrollt und mit seinen scharfen Schuppen verteidigt.

Giraffen haben die gleiche Anzahl von Halswirbeln wie Menschen – nur sieben!

Der Pinguin kann schneller schwimmen als der Mensch laufen.

Eichhörnchen vergessen bis zu 30 % ihrer versteckten Nüsse.

....

Delfine haben Namen und können sich gegenseitig damit rufen.

....

Der Wolf kann die Beute über Distanzen von bis zu 160 Kilometern riechen.

....

Seehunde können unter Wasser bis zu 30 Minuten die Luft anhalten.

....

Der Albatros kann mehrere Jahre lang ohne Landgang fliegen.

....

Schmetterlinge schmecken mit ihren Füßen.

....

Blauwale können bis zu 180 Tonnen wiegen und sind das größte Tier, das jemals auf der Erde existiert hat.

....

Löwen schlafen täglich bis zu 20 Stunden.

....

Schwämme sind Tiere – sie haben keine Augen, kein Gehirn, aber eine erstaunliche Fähigkeit zur Regeneration.

....

Das Pferd kann mehr als zehn verschiedene Bewegungen ausführen, um sich auszudrücken.

....

Heuschrecken können bis zu zehn Mal so weit springen wie ihre Körperlänge.

....

Fledermäuse sind die einzigen Säugetiere, die fliegen können.

....

Der Elefant hat eine außergewöhnliche Erinnerung und kann sich über 20 Jahre lang an andere Tiere erinnern.

....

Schnecken können bis zu drei Jahre in Winterschlaf verbringen.

....

Krokodile können bis zu zwei Jahre ohne Nahrung überleben.

Die Schildkröte lebt im Durchschnitt 100 Jahre – einige Arten sogar über 150 Jahre.

Giraffen können mit ihrer langen Zunge bis zu 45 Zentimeter tief in die Bäume greifen.

Das Tardigrada auch „Bärentier“ genannt, kann extreme Bedingungen wie Vakuum und hohe Strahlung überstehen.

Fische können unter Wasser „sehen“, indem sie ihr Sehen mit Elektrosensoren ergänzen.

Tiere wie Vögel und Fledermäuse können Magnetfelder zur Navigation nutzen.

Meeresschildkröten finden jedes Jahr zu ihrem Geburtsstrand zurück, egal wie weit sie sich entfernt haben.

Die honigsammelnde Biene muss den Nektar aus rund 2 Millionen Blumen sammeln, um nur ein Pfund Honig zu produzieren.

Der Nacktmull lebt in einem unterirdischen Netzwerk und ist nahezu immun gegen Krebs.

Känguru-Mütter können die Entwicklung ihres Babys pausieren, wenn es in Gefahr ist.

Wale singen Lieder, die bis zu 100 Kilometer weit hörbar sind.

Stachelschweine können mit ihren Stacheln blitzschnell eine Drohung abwehren.

Seehunde können mit einer Geschwindigkeit von bis zu 40 km/h schwimmen.

Der Gorilla kann mehr als 1.000 verschiedene Geräusche machen, um mit seiner Gruppe zu kommunizieren.

Wenn du einige dieser Tiere nicht kennst, frag doch einfach eine KI nach einem Bild, damit sie dir weiterhelfen kann – die visuellen Überraschungen sind garantiert!

Das gleiche gilt auch für alle weiteren Kapitel …

Pflanzen, die mehr können als du denkst

Bambus wächst so schnell, dass er bis zu 90 cm pro Tag wachsen kann – schneller als alle anderen Landpflanzen.

Der Baobab kann bis zu 120.000 Liter Wasser speichern, um in extrem trockenen Zeiten zu überleben.

Pflanzen können miteinander kommunizieren – sie geben chemische Signale ab, um sich vor Schädlingen zu warnen.

Bäume können durch ihre Wurzeln „Netzwerke“ bilden, um Nährstoffe zu teilen – dies wird als „Wood Wide Web“ bezeichnet.

Kakteen speichern Wasser in ihren dicken Stämmen, so dass sie jahrelang ohne Regen auskommen können.

Die Venusfliegenfalle schließt ihre Fallen nur, wenn sie zwei Mal innerhalb von 20 Sekunden „berührt“ wird, um unnötigen Energieverbrauch zu vermeiden.

Mimosen sind Pflanzen, die sich zusammenrollen, wenn sie berührt werden – als Reaktion auf Bedrohungen oder Störungen.

Efeu kann Giftstoffe aus der Luft filtern und so zur Verbesserung der Raumluft beitragen.

Die Seerose kann auf der Wasseroberfläche „schwimmen“ und dabei den Wasserstand ausgleichen, indem sie ihre Blätter nach oben oder unten anpasst.

Der Welwitschie aus der Namib-Wüste hat nur zwei Blätter, die ein Leben lang wachsen und sich verformen.

Schmetterlingsflieder zieht Schmetterlinge und Bienen an, indem er spezielle Duftstoffe abgibt, die diese Bestäuber magnetisch anziehen.

Algen sind nicht nur kleine Pflanzen, sondern auch Superhelden des Ökosystems, da sie bis zu 50 % des Sauerstoffs in unserer Atmosphäre produzieren.

Die Lotosblume hat die Fähigkeit, Schmutz abzuweisen und bleibt immer sauber dank ihrer wasserabweisenden Blätter.

Lavendel produziert chemische Verbindungen, die beruhigend wirken und sogar zur Schlafförderung genutzt werden.

Pilze sind keine Pflanzen, aber sie bilden ein riesiges unterirdisches Netzwerk, das als „Wood Wide Web" bekannt ist, das den Bäumen hilft, Nährstoffe auszutauschen.

Alpenveilchen können ihre Blüten in verschiedene Richtungen neigen, um die Sonne optimal zu nutzen.

Der Ginkgo-Baum ist über 300 Millionen Jahre alt und hat aufgrund seiner Anpassungsfähigkeit extreme klimatische Veränderungen überstanden.

Löwenzahn kann sich ohne Bestäuber selbst fortpflanzen, indem er sich selbst befruchtet – das macht ihn zu einem der hartnäckigsten Pflanzen.

Tomatenpflanzen können Schallwellen wahrnehmen und reagieren auf bestimmte Geräusche, indem sie ihre Wachstumsraten anpassen.

....

Die Farnpflanze hat in ihrer Geschichte so gut wie keine Veränderungen durchlaufen und ist daher ein lebendes Fossil.

....

Pflanzen sind wahre Überlebenskünstler und können so viel mehr als wir oft vermuten!

Natürliche Phänomene, die du nie für möglich gehalten hättest

Biolumineszenz lässt Meere in tropischen Gebieten nachts leuchten, ausgelöst durch Mikroorganismen.

Die wandernden Steine im Death Valley bewegen sich von allein durch dünne Eisschichten und Wind.

Blutregen, wie 2001 in Indien, entsteht durch rote Algensporen in der Atmosphäre.

Der Vulkan Kawah Ijen in Indonesien spuckt nachts blau leuchtende Schwefelflammen.

Polarlichter entstehen, wenn Sonnenwind auf die Erdatmosphäre trifft und farbenfrohe Lichter erzeugt.

Der Katatumbo-Blitz in Venezuela ist ein Gewitterphänomen mit bis zu 40.000 Blitzen pro Nacht.

Der Grüne Blitz ist ein seltener Lichtstrahl, der beim Sonnenuntergang unter perfekten Bedingungen erscheint.

Das „Tor zur Hölle" in Turkmenistan, ein brennender Gaskrater, brennt seit über 50 Jahren ununterbrochen.

Umgekehrte Wasserfälle entstehen, wenn starker Wind das Wasser nach oben drückt.

Eisblumen auf Seen und Flüssen entstehen, wenn Wasserdampf in extrem kalten Nächten gefriert.

Feuerregenbögen sind seltene, bogenförmige Lichter am Himmel, die durch Eiskristalle entstehen.

Marmorhöhlen in Chile haben einzigartige Muster, die durch Wasser und Licht geformt werden.

Sinkholes sind plötzliche Erdsenkungen, die ganze Landstriche verschlucken können.

Morning Glory Clouds sind riesige, wellenartige Wolkenformationen, die bis zu 1.000 km lang sein können.

Der Teufelswirbel ist ein kleiner Tornado aus Staub oder Feuer, der wie ein Miniaturwirbelsturm aussieht.

Eiskugeln, die durch Wind und Wellen an Küsten geformt werden, sehen aus wie runde Eisbälle.

Frostblumen auf Pflanzen entstehen, wenn Wasser aus den Stielen herausgefroren wird.

Der Singing Sand in Wüsten erzeugt Geräusche, wenn Wind durch die Körner bläst.

Ascheblitze können bei Vulkanausbrüchen auftreten, wenn die Reibung in der Aschewolke elektrische Ladungen erzeugt.

Sonnensäulen sind leuchtende Lichtbänder, die bei Sonnenauf- oder -untergang durch Eiskristalle entstehen.

Die Natur beweist, dass sie die besten und unglaublichsten Effekte erschaffen kann – ganz ohne Spezialeffekte!

Kapitel 2

WUNDER DER WISSENSCHAFT UND TECHNOLOGIE

Technologie, die eigentlich nicht hätte funktionieren dürfen

Bluetooth wurde von Entwicklern als eine riskante Idee abgetan, da niemand glaubte, dass eine drahtlose Verbindung über kurze Distanzen nützlich wäre. Heute verbindet es Milliarden von Geräten.

Der erste Pacemaker wurde zufällig entwickelt, als ein Techniker an einem fehlerhaften Schaltkreis arbeitete.

Die Erfindung des Mikrowellenherds entstand, als ein Wissenschaftler bemerkte, dass ein Schokoriegel in seiner Tasche durch Radarstrahlen geschmolzen war.

Velcro (Klettverschluss) wurde inspiriert, als ein Ingenieur Kletten in seinem Hundepelz untersuchte. Niemand glaubte, dass sich das Konzept durchsetzen würde.

Teflon wurde durch Zufall entdeckt, als ein Chemiker versuchte, ein neues Kältemittel zu entwickeln.

GPS wurde ursprünglich für militärische Zwecke entwickelt, aber heute nutzt es fast jeder in seinem Smartphone.

Das erste funktionierende Telefon von Alexander Graham Bell wurde von Experten als unnötige Spielerei bezeichnet.

Glühbirnen wurden anfangs als unsinnig angesehen, da viele glaubten, Kerzen wären ausreichend.

Der Erfinder des World Wide Web, Tim Berners-Lee, wurde bei der Vorstellung seiner Idee belächelt. Heute ist das Internet unverzichtbar.

Aerosolsprays wurden durch chemische Experimente entdeckt, als man nach einer Methode suchte, Insektenabwehrmittel zu verbreiten.

QR-Codes wurden ursprünglich für die Logistik in der Automobilindustrie entwickelt, fanden aber überraschend Anwendung im Alltag.

Die Erfindung der LED-Technologie wurde anfangs als zu teuer und ineffizient angesehen. Jetzt revolutioniert sie Beleuchtungssysteme weltweit.

Die erste kommerzielle Nutzung der Dampflok wurde von Investoren als unsinnig angesehen, da Pferde angeblich effizienter wären.

Selfies wurden durch eine zufällige Innovation in Kameras möglich, bei der der Bildschirm gedreht werden konnte. Niemand hielt es anfangs für eine notwendige Funktion.

Faxgeräte existierten schon im 19. Jahrhundert, wurden aber wegen ihrer Komplexität als unpraktisch abgetan.

Twitter wurde von Kritikern als „nutzlose Plattform für Kurzmitteilungen" bezeichnet, bevor es eine globale Kommunikationsrevolution auslöste.

Künstliche Intelligenz (KI) wurde in den 1950er-Jahren als reine Fantasie abgetan, bevor sie unser tägliches Leben durchdrang.

Die E-Mail wurde anfangs als unnötig betrachtet, da Telefongespräche schneller und persönlicher waren.

Solarzellen galten lange als ineffizient und unwirtschaftlich, bis technologische Fortschritte sie zu einer Schlüsseltechnologie der Energiewende machten.

Diese Beispiele zeigen, dass Durchbrüche oft aus Fehlern, Zufällen oder Ideen entstehen, die anfangs niemand ernst genommen hat – und genau das macht sie so faszinierend!

Schrägste Erfindungen der Menschheit, die du nicht brauchst – aber trotzdem beeindruckend sind

Pizza-Schere: Eine Kombination aus Schere und Servierheber, um Pizza in einem Schnitt zu schneiden und sofort zu servieren.

Wein-Glashalter für die Badewanne: Ein Saugnapfhalter für Weingläser, der dein Badeerlebnis luxuriöser macht.

Kissen mit Arm: Ein Kissen in Form eines menschlichen Arms, damit man sich weniger allein fühlt.

Banana-Slicer: Ein Gerät speziell für das schnelle und gleichmäßige Schneiden von Bananen.

Butter-Stift: Sieht aus wie ein Klebestift, spendet aber Butter für perfekte Portionen.

Regenschirm für Schuhe: Kleine Regenschirme, die an Schuhen befestigt werden, um sie trocken zu halten.

Selbstumrührender Becher: Ein Becher mit integriertem Motor, der automatisch Kaffee oder Tee umrührt.

LED-Schuhbänder: Sie leuchten im Dunkeln und sorgen für ein modisches Statement – oder auch nicht.

Katzen-Selfie-Halter: Ein Clip mit Spielzeug, der am Handy befestigt wird, damit deine Katze perfekt in die Kamera schaut.

Toaster mit durchsichtigem Glas: Für Menschen, die unbedingt zusehen möchten, wie ihr Toast bräunt.

Oktopus-Finger-Handschuhe: Handschuhe mit Saugnäpfen, um ein wenig wie ein Oktopus auszusehen.

Einhorn-Eiskremhalter: Ein hornförmiger Halter für Eistüten, der sicherlich jede Naschpause magischer macht.

Miniatur-Laubbläser für den Schreibtisch: Damit du deine Krümel von der Tastatur mit Stil entfernst.

Anti-Nudel-Spritzschutz: Eine Plastikscheibe, die du auf deine Schüssel setzt, um Spritzer beim Umrühren zu vermeiden.

Fischschuppen-Seife: Seife in Form einer Fischschuppe, die angeblich ein Spa-Gefühl vermitteln soll.

Burger-Halter: Eine Zange für Burger, um saubere Hände zu garantieren – auch wenn das den Genuss schmälert.

Mini-Staubsauger für Kekskrümel: Für den Tisch, weil Krümel auf dem Sofa zu mainstream sind.

USB-Heizsocken: Socken, die per USB warm bleiben – ideal für Leute, die auch in der Kälte am Laptop sitzen.

Taschenföhn für Pommes: Ein Föhn, der Pommes wieder warm und knusprig macht, weil kalte Pommes ein No-Go sind.

Bananenschale-Schoner: Ein Behälter für deine Banane, damit sie beim Transport nicht gequetscht wird.

Manche dieser Erfindungen wirken vielleicht absurd, aber sie zeigen, wie grenzenlos die Kreativität der Menschheit sein kann – selbst für die ungewöhnlichsten Bedürfnisse!

Wissenschaftliche Theorien, die so abgefahren sind, dass selbst die KI staunt

Simulationstheorie: Die Idee, dass unser Universum eine hochentwickelte Computersimulation ist, gesteuert von einer überlegenen Intelligenz.

Multiversum-Theorie: Es könnte unendlich viele Paralleluniversen geben, in denen alle möglichen Variationen unserer Realität existieren.

Zeitkristalle: Theoretische Objekte, die in der Zeit schwingen, ohne Energie zu verbrauchen – eine Art Perpetuum mobile in der Quantenwelt.

Rokos Basilisk: Eine Hypothese, dass eine zukünftige KI diejenigen bestrafen könnte, die sich nicht aktiv für ihre Entstehung einsetzen.

Boltzmann-Gehirne: Die Vorstellung, dass zufällig entstandene Gehirne im Universum denkende Gedanken haben könnten, während sie im Vakuum schweben.

Holografisches Universum: Die Theorie, dass unser dreidimensionales Universum nur eine Projektion einer zweidimensionalen Realität ist.

Panspermie: Die Idee, dass das Leben auf der Erde durch Mikroorganismen aus dem All gestartet wurde, die mit Meteoriten eingeschleppt wurden.

Schrödingers Katze: Ein Gedankenspiel, bei dem eine Katze gleichzeitig tot und lebendig ist, bis sie beobachtet wird – Quantenphysik at its best.

Big Rip: Eine Theorie, dass das Universum irgendwann so stark auseinandergezogen wird, dass selbst Atome zerreißen.

Alcubierre-Antrieb: Eine Theorie, die beschreibt, wie ein Raumschiff den Raum vor sich zusammenziehen und hinter sich ausdehnen könnte, um schneller als das Licht zu reisen.

Anthropisches Prinzip: Die Idee, dass das Universum genau so ist, wie es ist, weil wir es nur in dieser Form beobachten können.

Mond ist hohl-Theorie: Eine Verschwörungstheorie, die behauptet, der Mond sei ein künstlich geschaffenes Objekt mit einer hohlen Struktur.

White Holes: Das Gegenteil von Schwarzen Löchern – hypothetische Objekte, die Materie und Energie ausstoßen, statt sie zu verschlucken.

Plankton im All: Wissenschaftler fanden Hinweise auf Mikroorganismen, die in der oberen Erdatmosphäre schweben, wo sie eigentlich nicht existieren sollten.

Retrokausalität: Eine Theorie, die vorschlägt, dass die Zukunft die Vergangenheit beeinflussen könnte, nicht nur umgekehrt.

Ekpyrotisches Universum: Die Theorie, dass unser Universum aus der Kollision zweier höherdimensionalen Membranen entstanden ist.

Wurmlochreisen: Hypothetische Tunnel durch Raum und Zeit, die eine Abkürzung zu weit entfernten Orten im Universum bieten könnten.

Quantenverschränkung: Teilchen können über große Distanzen „verbunden“ sein, so dass die Änderung des Zustands eines Teilchens das andere sofort beeinflusst – schneller als das Licht.

Selbstreplizierende Roboter: Eine Vision, dass Maschinen sich eines Tages wie Lebewesen vermehren könnten, was die Frage aufwirft: Sind sie dann lebendig?

Quantengravitationstheorie: Eine unvollendete Theorie, die versucht, die Schwerkraft mit der Quantenmechanik zu vereinen – das ultimative Puzzle der Physik.

Diese Theorien zeigen, wie verrückt und genial die Wissenschaft sein kann – und dass unsere Vorstellungskraft manchmal der einzige Weg ist, solche Konzepte zu begreifen!

Kapitel 3

DIE KURIOSESTEN GESCHICHTEN DER MENSCHHEIT

Von verrückten Erfindungen und obskuren Entdeckungen

Katzenklavier: Ein musikalisches Instrument aus dem 17. Jahrhundert, bei dem Katzen durch Tastenanschläge „miauten".

Ziegenbrücke: In den Niederlanden wurde eine spezielle Brücke gebaut, die nur von Ziegen genutzt wird, um die Natur zu schützen.

Anti-Teenager-Alarme: Ein Gerät, das nur hochfrequente Töne aussendet, die Teenager hören können, aber Erwachsene nicht.

Lachspistole: Entwickelt, um Lachse über Dämme zu transportieren, indem sie durch Röhren geschossen werden – schnell und effektiv.

Radioaktive Zahnpasta: In den 1920er-Jahren wurde Zahnpasta mit Radium beworben, um strahlend weiße Zähne zu bekommen – mit fatalen Folgen.

Die Erfindung des Knopfes: Knöpfe wurden über 3.000 Jahre lang als Schmuck getragen, bevor jemand auf die Idee kam, sie zum Schließen von Kleidung zu verwenden.

Farbwechselnde Blumen: Wissenschaftler entwickelten gentechnisch veränderte Blumen, die ihre Farbe je nach Boden-pH-Wert ändern.

Salzstreuer für Salzstreuer: Ein Erfinder wollte ein Gerät, das Salz gleichmäßig in einem Salzstreuer verteilt, damit er nicht verklumpt.

Schlagloch-Gärten: In Großbritannien bepflanzen Menschen Schlaglöcher mit Blumen, um auf schlechte Straßenverhältnisse aufmerksam zu machen.

Luftkreuzfahrtschiff: In den 1920er-Jahren gab es Pläne für riesige Zeppelin-Hotels, die über Städte schweben sollten.

Heated Butter Knife: Ein Messer, das durch Batterien beheizt wird, um kalte Butter mühelos zu schneiden.

Das eternale Bücherregal: Ein Kunstprojekt in Norwegen, das 100 Jahre lang ungeöffnete Bücher lagern soll, bis eine zukünftige Generation sie liest.

Fischfahrrad: In den 1980er-Jahren baute ein Künstler ein Fahrrad mit einem Aquarium als Vorderrad – mehr Kunst als Zweck.

Keks-Milch-Trenner: Ein Erfinder entwickelte ein Gerät, das Kekse von Milch trennt, damit sie nicht zu schnell durchweichen.

Gravitationsanomalien: An manchen Orten auf der Welt rollen Objekte scheinbar bergauf. Ein Phänomen, das durch optische Täuschung entsteht.

Weltgrößte Schuhsammlung: In Las Vegas gibt es ein Museum mit über 10.000 Paar Schuhen, die alle von Prominenten stammen.

Mars-Mikrofon: 1999 wurde ein Mikrofon an Bord einer Mars-Sonde geschickt, um die Geräusche des Planeten aufzunehmen – es hat jedoch nie funktioniert.

Ketchup-Paket-Dosierer: Eine Maschine, die speziell dafür entwickelt wurde, Ketchup aus kleinen Tüten zu extrahieren – für Perfektionisten.

Die Hörbrille: Eine Brille mit integrierten Mikrofonen, die Schallwellen verstärkt und gleichzeitig Sehhilfen bietet.

Der Schrumpfwagen: Ein Auto, das durch Hydraulik kleiner gemacht werden kann, um Parkplätze zu sparen – bislang nur ein Prototyp.

Von kurios bis genial – diese Erfindungen und Entdeckungen zeigen, wie erfinderisch und kreativ die Menschheit sein kann!

Kuriose Ereignisse aus der Weltgeschichte

Der Krieg um einen Eimer: 1325 führten Bologna und Modena einen Krieg, weil Modena angeblich einen Holzeimer gestohlen hatte.

Die Emu-Kriege: Australien erklärte in den 1930er-Jahren den Emus den Krieg, um ihre Überpopulation einzudämmen – und verlor kläglich.

Die Tulpenmanie: Im 17. Jahrhundert führten überhöhte Tulpenpreise in den Niederlanden zu einem der ersten dokumentierten Wirtschaftscrashs.

Napoleons Hasenproblem: Bei einer geplanten Jagd wurden Napoleon und seine Männer von einer Horde freigelassener Hasen „überrannt", die die Jagd sabotierten.

Das Londoner Bierflutung: 1814 zerbarst ein riesiges Bierfass, und Millionen Liter Bier überschwemmten Londons Straßen, wobei es sogar Todesopfer gab.

Operation Paul Bunyan: Nach einer tödlichen Axt-Auseinandersetzung zwischen den USA und Nordkorea 1976 schickte Amerika 16 Militärfahrzeuge und 813 Männer, um einen Baum zu fällen.

Der Mann, der zwei Mal von Atombomben getroffen wurde: Tsutomu Yamaguchi überlebte sowohl den Angriff auf Hiroshima als auch den auf Nagasaki.

Ein 14 Jahre langer Uno-Tag: Schweden änderte 1712 den Kalender, wodurch der 30. Februar für einen Tag existierte.

Die Explosion von Tunguska: 1908 explodierte über Sibirien ein mysteriöser Himmelskörper, der 2.000 km^2 Wald zerstörte, aber nie vollständig identifiziert wurde.

Der Tanzwahn von Straßburg: 1518 begann eine Frau ohne ersichtlichen Grund zu tanzen, und Hunderte folgten ihr – einige tanzten bis zum Tod.

Das Schweine-Missverständnis: Ein totes Schwein löste 1859 fast einen Krieg zwischen den USA und Großbritannien auf den San-Juan-Inseln aus.

Die „Haarnadel-Botschaft": 1830 löste der angebliche Diebstahl einer Haarnadel einen diplomatischen Konflikt zwischen zwei spanischen Adligen aus.

Der Tag, an dem die Zeit stillstand: 1752 sprang Großbritannien vom 2. September direkt zum 14. September, um den gregorianischen Kalender einzuführen.

Das Esel-Massaker: Im 19. Jahrhundert führte ein eskalierter Streit über gestohlene Esel zu einer blutigen Fehde zwischen griechischen Dörfern.

Das Great Stink: 1858 wurde London durch den Geruch der Themse so überwältigt, dass das Parlament beschloss, die Kanalisation zu modernisieren.

Der Fußballkrieg: 1969 führte ein Fußballspiel zwischen Honduras und El Salvador zu einem Krieg, der vier Tage dauerte.

Die Kartoffelrevolution: 1775 stürmten Pariser Bürger die Märkte, weil die Kartoffelpreise in die Höhe geschossen waren.

Operation Katze über Bord: Im Zweiten Weltkrieg rettete die deutsche Marine eine Katze von einem sinkenden britischen Schiff, die später noch zwei weitere Schiffsuntergänge überlebte.

Die Schlacht um die Flagge: Während der Olympischen Spiele 1908 stritten sich amerikanische und britische Athleten um die Höhe ihrer Flaggenmastaufhängung.

Der „Pope Drop" in Portugal: 1808 ließ ein portugiesischer Kapitän eine gefälschte Nachricht verbreiten, dass der Papst gefallen sei, um einen Volksaufstand zu verhindern.

Diese Ereignisse zeigen, wie seltsam und überraschend die Geschichte manchmal sein kann!

Die seltsamsten Rekorde, die niemand brechen möchte

Längste Zeit ohne Schlaf: 1964 blieb Randy Gardner 11 Tage und 25 Minuten wach – mit gravierenden gesundheitlichen Folgen.

Die meisten Knochenbrüche: Der Stuntman Evel Knievel überlebte 433 Knochenbrüche während seiner Karriere.

Längste Zeit in einem eisgefüllten Behälter: Der Österreicher Josef Köberl hielt 2 Stunden und 30 Minuten in einem Behälter voller Eis aus.

Die meisten Blitzeinschläge überlebt: Roy Sullivan, ein US-Parkwächter, wurde sieben Mal vom Blitz getroffen – und überlebte jedes Mal.

Schwerste Zunge: Byron Schlenker hält den Rekord für die breiteste Zunge der Welt, die 8,57 cm misst – größer als ein iPhone.

Die meisten Nägel im Kopf: Ein Mann aus China überlebte, nachdem Ärzte 13 Nägel aus seinem Schädel entfernten, die er sich selbst eingeschlagen hatte.

Die längste Zeit ohne Essen: Der schottische Gefängnisinsasse Angus Barbieri hungerte 382 Tage und verlor über 125 kg, unter ärztlicher Aufsicht.

Längste Zeit eingegraben: Der Südafrikaner Geoff Smith verbrachte 142 Tage und 6 Stunden lebendig begraben in einer Holzkiste.

Die schwerste Zwiebel gegessen: Der Japaner Yutaka Kimura aß eine 1,2 kg schwere Zwiebel – roh, in einem einzigen Durchgang.

Die meisten Tattoos in 24 Stunden: Ein Tattoo-Künstler in den USA schaffte 801 Tattoos in einem einzigen Tag – die Kunden standen Schlange.

Die meisten Metallgegenstände am Körper: Etibar Elchiyev zog 50 Löffel und Gabeln mit seinem Körper an, angeblich dank magnetischer Kräfte.

Die größte Haarballenentfernung: Ärzte entfernten einen Haarballen von 7 kg aus dem Magen einer Teenagerin, die jahrelang Haare kaute.

Die längste Zeit ohne Atmen unter Wasser: Budimir Šobat hielt den Atem 24 Minuten und 37 Sekunden lang an – nichts für schwache Nerven.

Die meisten Kakerlaken gegessen: Ken Edwards aß 36 lebende Kakerlaken in nur einer Minute.

Die längste Zeit auf einem Bein stehen: Der Inder Suresh Joachim stand 76 Stunden und 40 Minuten lang auf einem Bein.

Die meisten Schläge überlebt: Der russische Mönch Rasputin wurde vergiftet, erschossen, geschlagen, und erst ein Ertrinken brachte ihn um.

Längster Bart auf einer Frau: Harnaam Kaur hält den Rekord mit einem Bart von 15,24 cm – ein genetisches Phänomen.

Längste Zeit in einem Wespennest: Der Chinese Gao Bingguo ließ sich 60 Minuten lang von über 1000 Wespen bedecken.

Die meisten Einträge im Guinness-Buch: Ashrita Furman hält über 600 Weltrekorde, viele davon äußerst skurril, wie Jonglieren unter Wasser.

Die tiefste Überlebensgeschichte: Vesna Vulović überlebte einen Flugzeugabsturz aus 10.160 Metern Höhe ohne Fallschirm.

Diese Rekorde sind oft beeindruckend, aber sie zeigen auch, dass der Weg dorthin nicht immer angenehm ist!

Kapitel 4

ABSURDITÄTEN DES ALLTAGS

Kurioses Wissen aus deinem täglichen Leben

Zahnpasta-Geschmack: Orangensaft schmeckt nach dem Zähneputzen so seltsam, weil Zahnpasta die Rezeptoren für Süßes blockiert.

Banane als Radioempfänger: Du kannst mit einer Banane theoretisch ein Radio bauen – dank ihrer leitenden Eigenschaften.

Mikrowellen und TikTok: Einige Mikrowellen piepen in der Tonhöhe von TikTok-Benachrichtigungen – reiner Zufall oder Marketing?

Schuhe binden für Rechtshänder: 90 % der Menschen binden ihre Schuhe instinktiv zuerst am rechten Fuß.

Warmes Wasser friert schneller: Das Mpemba-Effekt-Phänomen zeigt, dass heißes Wasser unter bestimmten Bedingungen schneller gefriert als kaltes.

Kühlschranklicht: Es gibt selten Licht in Gefrierfächern, da Menschen dort weniger Zeit verbringen und Energie gespart werden soll.

Bananen leuchten unter UV-Licht: Reife Bananen fluoreszieren blau, wenn sie unter UV-Licht betrachtet werden.

Mehr Keime auf Smartphones: Auf deinem Handy befinden sich im Durchschnitt zehn Mal mehr Bakterien als auf einer Toilettensitzoberfläche.

Salz in Kaffee: Eine Prise Salz im Kaffee kann den bitteren Geschmack neutralisieren.

Linkshänder in Schubladen: Die meisten Schubladen sind für Rechtshänder konstruiert, was Linkshändern das Leben schwerer macht.

Der Duft von Regen: Der Geruch von frischem Regen entsteht durch Bakterien, die Geosmin freisetzen – ein Geruch, den Menschen extrem gut wahrnehmen können.

Schneidbretter: Schneidbretter aus Plastik beherbergen oft mehr Keime als solche aus Holz, da Plastik schwerer zu reinigen ist.

Socken verlieren: Die Waschmaschine „frisst“ keine Socken – sie landen oft im Gummirand oder hinter der Trommel.

Spinnen essen Fliegen: In einer durchschnittlichen Wohnung fressen Spinnen jährlich bis zu 2.000 Insekten.

Katzen und Schachteln: Katzen lieben Schachteln, weil sie sich darin sicher fühlen – das ist ein Überbleibsel aus ihrem Jagdinstinkt.

Glühbirnen vs. LED: Eine Glühbirne verbraucht bis zu 80 % ihrer Energie für Wärme, nicht für Licht.

Eiskalte Cola: Das Zischen, das du hörst, wenn du eine Cola-Dose öffnest, ist Kohlendioxid, das unter Druck freigesetzt wird.

Kaugummi und Zwiebeln: Das Kauen von Kaugummi kann das Weinen beim Zwiebelschneiden reduzieren.

Kühlschrank-Tür-Regel: Milch gehört nicht in die Kühlschranktür, da dort die Temperatur zu stark schwankt.

Gummibärchen-Sounds: Wenn du ein Gummibärchen ins Feuer legst, gibt es schrille Töne von sich, weil der Zucker karamellisiert und explodiert.

Diese kleinen Fakten zeigen, wie viele skurrile Details unser Alltag bietet, die wir oft übersehen!

Überraschende Fakten über Dinge, die du für selbstverständlich hältst

Luft hat Gewicht: Ein durchschnittlicher Luftdruck entspricht dem Gewicht eines kleinen Autos, das auf deinen Körper drückt – du merkst es nur nicht, weil der Druck ausgeglichen wird.

Wasser ist nicht wirklich farblos: Reines Wasser hat tatsächlich einen leichten Blauton, der bei großen Mengen sichtbar wird.

Der Eiffelturm wächst: Im Sommer dehnt sich der Eiffelturm durch die Hitze um bis zu 15 cm aus.

Dein Herz schlägt öfter als du denkst: In einem durchschnittlichen Leben schlägt dein Herz etwa 2,5 Milliarden Mal.

Kugelschreiber-Kappen retten Leben: Der kleine Durchgang in der Kappe verhindert Erstickungen, falls jemand die Kappe verschluckt.

Papierschnitt tut mehr weh: Papier hinterlässt oft mikroskopisch kleine Fasern in der Wunde, die Nervenenden reizen.

Dein Handy ist schneller als Apollo 11: Das Smartphone in deiner Tasche hat mehr Rechenleistung als der Computer, der die Mondlandung steuerte.

Mikrowellen kochen Wasser: Mikrowellen erhitzen Lebensmittel nicht direkt – sie regen Wassermoleküle an, die dann die Wärme weitergeben.

Die Farbe Weiß ist keine Farbe: Weiß ist eigentlich die Summe aller sichtbaren Farben im Licht, kein einzelner Farbton.

Die Stille des Vakuums: Im Weltraum kannst du niemanden schreien hören, weil Schall ohne Materie keine Übertragung findet.

Papier ist stärker als gedacht: Du kannst ein Blatt Papier nicht mehr als sieben Mal falten, egal wie groß es ist.

Wasser kocht nicht immer bei 100 °C: In großer Höhe, wo der Luftdruck geringer ist, kocht Wasser schon bei niedrigeren Temperaturen.

Der Punkt auf der „i"-Taste: Auf einer Computer-Tastatur ist oft ein kleiner Vorsprung auf der „F" und „J"-Taste, um Blinden und Schnellschreibern zu helfen.

Warum Bananen radioaktiv sind: Bananen enthalten Kalium-40, ein radioaktives Isotop – aber keine Sorge, es ist völlig ungefährlich.

Deine Haut erneuert sich ständig: Etwa 90 % des Staubs in deinem Zuhause besteht aus abgestorbenen Hautzellen.

Der Regenbogen hat mehr Farben: Neben den klassischen sieben Farben gibt es infrarote und ultraviolette Bereiche, die das menschliche Auge nicht sehen kann.

Warum Autos Blinker haben: Blinklichter blinken dank eines mechanischen oder elektronischen Schalters, der sich in einer festen Frequenz öffnet und schließt.

Das Kissen verliert Gewicht: Dein Kopfkissen verliert im Laufe der Jahre Füllung und wird leichter, weil die Fasern sich zersetzen.

Warum der Himmel blau ist: Das blaue Licht der Sonne wird von der Erdatmosphäre stärker gestreut als andere Farben.

Stifte altern schnell: Kugelschreiber trocknen aus, wenn du sie liegend lagerst – sie halten länger, wenn du sie aufrecht stellst.

Diese Fakten zeigen, wie faszinierend die alltäglichen Dinge um uns herum wirklich sind!

Dinge, die der Menschheit Jahrzehnte gekostet haben, um sie zu verstehen

Die Erde ist rund: Bis ins 3. Jahrhundert v. Chr. glaubten viele Menschen, die Erde sei flach, bis Aristoteles Beweise für eine kugelförmige Erde vorlegte.

Der Blutkreislauf: Erst im 17. Jahrhundert entdeckte William Harvey, wie Blut durch den Körper fließt – vorher dachte man, es entstünde in der Leber.

Die Umlaufbahn der Planeten: Johannes Kepler brauchte Jahre, um zu beweisen, dass Planeten in elliptischen Bahnen um die Sonne kreisen und nicht in Kreisen.

Schwarze Löcher: Obwohl sie schon 1783 theoretisch beschrieben wurden, wurden Schwarze Löcher erst im 20. Jahrhundert richtig nachgewiesen.

DNA als Erbinformation: Die Entdeckung der DNA-Struktur 1953 durch Watson und Crick revolutionierte die Biologie, obwohl die Existenz von Genen schon vorher bekannt war.

Die Bakterientheorie der Krankheit: Erst im 19. Jahrhundert bewies Louis Pasteur, dass Mikroorganismen Krankheiten verursachen – zuvor glaubte man an „schlechte Luft".

Die Elektrizität: Tausende von Jahren wurde Elektrizität als ein mysteriöses Phänomen betrachtet, bis Michael Faraday und andere sie im 19. Jahrhundert praktisch nutzbar machten.

Der Ursprung der Arten: Charles Darwin brauchte 20 Jahre, um seine Evolutionstheorie zu formulieren und zu veröffentlichen.

Gravitation: Newtons Gesetz der Gravitation erschien 1687, aber es dauerte Jahrzehnte, bis seine Theorien allgemein akzeptiert wurden.

Kontinentaldrift: Alfred Wegener schlug 1912 die Theorie der Kontinentalverschiebung vor, doch erst in den 1960er-Jahren wurde sie wissenschaftlich bestätigt.

Quantenmechanik: Diese komplexe Wissenschaft entwickelte sich über Jahrzehnte, von Max Plancks Ideen bis zu Einsteins und Schrödingers Arbeiten.

Die Wettervorhersagen: Bis ins 20. Jahrhundert waren Wettervorhersagen oft ungenau, da die zugrunde liegende Meteorologie kaum verstanden wurde.

Sonnenbrand durch UV-Strahlen: Erst im 20. Jahrhundert erkannte man, dass die Sonne schädliche UV-Strahlen aussendet, die Hautkrebs verursachen können.

Warum Wasser kocht: Die genauen physikalischen Mechanismen des Siedens waren lange ein Rätsel und wurden erst mit der Entwicklung der Thermodynamik entschlüsselt.

Die Natur von Licht: Jahrhunderte lang stritten Wissenschaftler, ob Licht eine Welle oder ein Teilchen ist – es stellte sich heraus, dass es beides ist.

Impfstoffe: Die Idee, Krankheiten durch Impfstoffe zu verhindern, begann mit Edward Jenner 1796, aber es dauerte Jahrzehnte, bis Impfungen weit verbreitet wurden.

Radioaktive Elemente: Marie Curie und andere brauchten Jahre, um zu verstehen, wie Radioaktivität funktioniert und welche Elemente beteiligt sind.

Die Funktionsweise des Gehirns: Trotz Jahrtausenden an Forschung haben wir erst in den letzten Jahrzehnten begonnen, die neuronale Struktur des Gehirns wirklich zu verstehen.

Zeit ist relativ: Albert Einsteins Relativitätstheorie brauchte Jahrzehnte, um sich durchzusetzen, da sie so radikal anders war als frühere Vorstellungen.

Der Ursprung des Universums: Der Urknall wurde erst im 20. Jahrhundert akzeptiert, nachdem jahrzehntelang andere Theorien dominierten.

Diese Erkenntnisse zeigen, wie lange es manchmal dauert, die Geheimnisse der Welt zu entschlüsseln!

Kapitel 5

VOM WELTRAUM ZUM MIKROBENREICH

Abgefahrene Fakten über das Universum, die dich sprachlos machen

Das Universum ist älter als die Erde: Mit etwa 13,8 Milliarden Jahren ist das Universum fast drei Mal so alt wie unser Planet, der erst vor etwa 4,5 Milliarden Jahren entstand.

Der größte Stern: UY Scuti ist so groß, dass er die Umlaufbahn des Jupiters einschließen könnte, wenn er an der Stelle der Sonne wäre.

Das Universum dehnt sich schneller als die Lichtgeschwindigkeit aus: Die Raumzeit selbst expandiert, wodurch weit entfernte Galaxien sich scheinbar schneller entfernen, als Licht reisen kann.

Dunkle Materie ist allgegenwärtig: Etwa 85 % der Materie im Universum besteht aus dunkler Materie, die wir nicht sehen oder direkt messen können.

Es gibt mehr Sterne als Sandkörner: Im Universum gibt es schätzungsweise 1.000.000.000.000.000.000.000 (eine Sextillion) Sterne – mehr als Sandkörner auf der Erde.

Ein Tag auf einem Neutronenstern: Ein Neutronenstern kann sich bis zu 600 Mal pro Sekunde drehen – das ist schneller als ein Mixer auf Höchststufe!

Das kalte Atom: Der Boomerang-Nebel hat die niedrigste natürliche Temperatur im Universum, kälter als der Weltraum selbst mit minus 272 °C.

Kosmisches Recycling: Sterne „sterben" und hinterlassen Elemente wie Kohlenstoff und Sauerstoff, die später Teil von Planeten und Lebewesen werden.

Supernovae sind lebenswichtig: Die schweren Elemente in deinem Körper – wie Eisen im Blut – stammen aus explodierenden Sternen.

Eine Galaxie im Herzen eines Schwarzen Lochs: Das Schwarze Loch in der Mitte der Milchstraße, Sagittarius A*, wiegt 4 Millionen Sonnenmassen.

Der größte leere Raum: Der „Bootes Void" ist eine gigantische Region mit fast keinen Galaxien, die 330 Millionen Lichtjahre breit ist.

Kosmische Kannibalen: Große Galaxien wie die Milchstraße verschlucken regelmäßig kleinere Galaxien und bauen sie in sich ein.

Zeitreisen in der Raumzeit: Wenn du dich in der Nähe eines Schwarzen Lochs aufhältst, vergeht die Zeit für dich langsamer als für andere – ein echtes Zeitreise-Phänomen!

Planeten aus Diamant: Forscher glauben, dass einige Exoplaneten hauptsächlich aus Diamant bestehen könnten, wie z. B. der Planet 55 Cancri e.

Schwarze Löcher singen: Ein Schwarzes Loch im Perseus-Galaxienhaufen erzeugt Geräusche, die der tiefsten Note entsprechen, die jemals aufgezeichnet wurde.

Der heißeste Ort im Universum: Der Kern einer Supernova kann Temperaturen von bis zu 1 Billion Grad Celsius erreichen – das ist etwa 70.000 Mal heißer als der Kern der Sonne.

Quasare sind extrem hell: Ein Quasar leuchtet heller als hunderte Galaxien zusammen, obwohl er von einem Schwarzen Loch angetrieben wird.

Das Universum ist fast flach: Messungen zeigen, dass das Universum eine nahezu flache Geometrie hat, obwohl es unendlich groß erscheint.

Der Duft des Universums: Chemische Reaktionen in Sternentstehungsgebieten erzeugen Moleküle, die nach Rum und Himbeeren riechen könnten.

Photonen sind uralt: Das Licht, das du von den entferntesten Sternen siehst, kann Milliarden Jahre alt sein – älter als die Menschheit selbst.

Das Universum ist ein wahres Wunderwerk voller Überraschungen, das uns immer wieder die Grenzen unserer Vorstellungskraft aufzeigt!

Der verrückte Mikrokosmos: Dinge, die unter dem Mikroskop skurril wirken

Bakterien in Form von Stäbchen und Kugeln: Viele Bakterien sehen unter dem Mikroskop aus wie winzige, fadenförmige Stäbchen oder kleine Kugeln, die durch Wasser schwimmen.

Die Mikrowelt der Staubmilben: Staubmilben, die unsichtbar für das bloße Auge sind, haben unter dem Mikroskop acht Beine und sehen aus wie winzige Spinnen.

Rote Blutkörperchen: Rote Blutkörperchen sind wie winzige Donuts ohne Loch und transportieren Sauerstoff im Körper. Sie sind flexibel und können sich durch winzige Blutgefäße zwängen.

Diatomeen: Diese mikroskopisch kleinen Algen haben oft kunstvoll verzierte, geometrische Siliziumschalen, die aussehen wie kleine Kristalle.

Ameisen in Aktion: Eine einzelne Ameise sieht unter dem Mikroskop wie eine riesige, zackige Kreatur aus, die sich hektisch bewegt und ständig nach Nahrung sucht.

Die bizarre Welt der Protozoen: Diese einzelligen Organismen wie Paramecien haben winzige, haarähnliche Strukturen namens „Cilien", die für die Fortbewegung sorgen und wie winzige Wellen erscheinen.

Pollenpartikel: Pollen sind winzige, oft kunstvoll gestaltete Kugeln oder Tetraeder, die wie winzige geodätische Kuppeln aussehen.

Schimmelpilze: Schimmelpilze sehen aus wie kleine, verzweigte Bäume, deren „Äste" in alle Richtungen streben, um sich auszubreiten.

Fliegenaugen: Die Augen einer Fliege sind unter dem Mikroskop ein wahres Kunstwerk aus Tausenden von Facetten, die wie winzige Kristalle glänzen.

Schmetterlingsflügel: Die Schuppen auf Schmetterlingsflügeln sehen unter dem Mikroskop wie winzige, schimmernde Plättchen aus, die den Flügeln ihre Farben verleihen.

Milben und ihre beängstigenden Krallen: Milben sehen aus wie kleine Monster, deren Beine mit winzigen Krallen versehen sind, die sie in die Haut von Tieren und Menschen stechen.

Zellen im Körper: Jede Zelle des Körpers sieht aus wie eine mikroskopische Festung, in der die Zellwand wie eine strenge Mauer wirkt, während die Organellen wie kleine Maschinen arbeiten.

Die faszinierenden Augen der Mücken: Mückenaugen bestehen aus Tausenden von kleinen Einzelaugen und sehen wie winzige, überlagerte Linsen aus.

Amöben bei der Jagd: Amöben „fressen" mit ihren Tentakeln, indem sie ihre Beute in den Körper „einschließen", was wie eine winzige Schlacht aussieht.

Ameisenschnäbel: Unter dem Mikroskop haben die Köpfe von Ameisen fast schon einen „Schnabel", mit dem sie die Nahrung zerkleinern und ihre Beute fangen.

Bakterien, die miteinander kämpfen: Manche Bakterien haben „Pfeile" und „Schwänze", mit denen sie gegen andere Bakterien kämpfen oder sie „aufspießen".

Eintagsfliegenlarven: Diese Larven haben kleine „Haare“ und greifen sich mit ihren Extremitäten an, was wie eine Mini-Schlacht im Wasser aussieht.

Zellen in der Haut: Unter dem Mikroskop zeigt sich die Haut als dichte Landschaft von Zellen, die sich wie kleine Kacheln zusammenfügen, um die Oberfläche zu bilden.

Blutgerinnung: Unter dem Mikroskop können die roten Blutkörperchen und Blutplättchen in Aktion gesehen werden, wie sie sich bei einer Verletzung zu einem „Faden“ zusammenballen, um die Wunde zu verschließen.

Flug von Bienenflügeln: Die Flügel einer Biene schwingen so schnell, dass sie aussehen, als würden sie in der Luft vibrieren – sie schlagen bis zu 200 Mal pro Sekunde!

Der Mikrokosmos ist ein faszinierendes Universum für sich, in dem winzige Kreaturen und Prozesse ihre eigenen skurrilen und erstaunlichen Formen und Funktionen haben!

UFOs, schwarze Löcher und außerirdische Funde – was ist wirklich passiert?

Unidentifizierte fliegende Objekte (UFOs): UFOs sind seit Jahrhunderten dokumentiert, aber erst 1947 nahm die öffentliche Aufmerksamkeit durch den „Roswell-Zwischenfall“ richtig Fahrt auf.

Der Roswell-Zwischenfall: 1947 soll ein unbekanntes Flugobjekt in Roswell, New Mexico, abgestürzt sein. Die US-Armee gab zuerst an, es sei ein „Luftballon“, später wurde es mit Außerirdischen in Verbindung gebracht.

UFOs im 21. Jahrhundert: Seit 2020 veröffentlichte das Pentagon offiziell Videos von UFOs, die von Militärs aufgenommen wurden und „unidentifizierte Phänomene“ darstellen.

Der „Tic-Tac“-Vorfall: 2004 berichteten US-Kampfpiloten von einem UFO, das wie ein Tic-Tac aussah und unglaublich schnell und präzise manövrierte – mit niemandem an Bord.

SETI und die Suche nach Leben: Die „Search for Extraterrestrial Intelligence“ (SETI) scannt seit den 1960er Jahren den Weltraum nach Funksignalen, die von intelligenten, außerirdischen Zivilisationen stammen könnten.

Das Wow!-Signal: 1977 wurde ein mysteriöses Signal empfangen, das 72 Sekunden lang dauerte und nie wieder wiederholt wurde – es wurde als möglicher Hinweis auf außerirdische Kommunikation interpretiert.

Blauer Planet und die Fermi-Paradoxie: Angesichts der riesigen Anzahl von erdähnlichen Planeten stellt sich die Frage: „Warum haben wir noch keinen Kontakt zu Außerirdischen?“ – das sogenannte Fermi-Paradoxon.

Exoplaneten in der „habitablen Zone“: Die Entdeckung von über 4.000 Exoplaneten, einige in der „habitablen Zone“, deutet darauf hin, dass außerirdisches Leben theoretisch möglich ist.

Südamerikanische UFOs: In Ländern wie Chile und Brasilien wurden wiederholt UFO-Sichtungen dokumentiert, und die chilenische Regierung veröffentlichte 2018 ein offizielles UFO-Dossier.

Der „Black Knight“-Satellit: Ein angeblich außerirdischer Satellit soll schon 13.000 Jahre lang in der Erdumlaufbahn existieren – obwohl es nie klare Beweise dafür gab.

Schwarze Löcher als Mysterien: Schwarze Löcher sind Regionen im Raum mit so starker Gravitation, dass nicht einmal Licht entkommen kann – sie wurden erstmals 1915 von Albert Einstein vorhergesagt.

Event Horizon Telescope und das erste Bild eines Schwarzen Lochs: 2019 veröffentlichte das Event Horizon Telescope das erste Bild eines Schwarzen Lochs, das im Zentrum der Galaxie M87 liegt.

Schwarze Löcher sind keine „Löcher“: Sie sind extreme Dichtepunkte, in denen Materie zusammengepresst ist – die „Singularität“ hat eine unendlich hohe Dichte und Krümmung der Raumzeit.

Kombination von Schwarzen Löchern: LIGO, ein Detektor für Gravitationswellen, hat 2015 die erste Gravitationswelle entdeckt – eine durch die Kollision zweier Schwarzer Löcher verursachte Welle.

Außerirdische Funde auf der Erde?: 2017 entdeckten Astronomen ein interstellar ankommendes Objekt namens „Oumuamua“, das eine hohe Geschwindigkeit hatte und in Form und Bewegung ungewöhnlich war.

Vermutete außerirdische Technologie: Einige Wissenschaftler spekulieren, dass „Oumuamua“ möglicherweise ein außerirdisches Raumschiff oder ein technisches Artefakt aus einem fernen System war.

UFOs und Militärs: Verschiedene Militärs, einschließlich der USA, haben Berichte über UFO-Sichtungen gemacht, von denen einige als „echte Phänomene“ eingestuft wurden.

Monolithen auf dem Mars: Auf dem Mars wurden bizarre, geordnete Strukturen gesichtet, die an Monolithen erinnern. Einige spekulieren, dass sie möglicherweise Zeichen von außerirdischer Aktivität sind.

Künstliche Intelligenz und die Suche nach Leben: KI wird immer häufiger in der Suche nach außerirdischem Leben eingesetzt, da sie in der Lage ist, riesige Datenmengen schneller zu analysieren und Muster zu erkennen, die für den Menschen unsichtbar sind.

Das Universum bleibt ein riesiges, unerforschtes Mysterium, voller unzähliger Fragen zu UFOs, schwarzen Löchern und dem potenziellen Leben auf anderen Planeten. Was die Zukunft bringt, ist noch immer unklar, aber die Entdeckungen gehen weiter!

Kapitel 6

MENSCHLICHES VERHALTEN, DAS KI NICHT VERSTEHT

Die merkwürdigsten Gewohnheiten, die Menschen weltweit teilen

Kaffee am Morgen: In vielen Kulturen beginnt der Tag mit einer Tasse Kaffee – doch in Schweden gibt es eine spezielle Tradition, „Fika" genannt, bei der man zu Kaffee und Gebäck auch eine Pause mit Freunden oder Kollegen macht.

Mittagsschläfchen in Spanien: Die Siesta ist eine Tradition in Spanien und vielen südlichen Ländern, bei der Menschen nach dem Mittagessen eine kurze, erfrischende Ruhepause einlegen.

Barfußlaufen in Japan: In Japan ist es eine verbreitete Praxis, in Innenräumen immer barfuß zu gehen, um Sauberkeit zu gewährleisten.

Umarmung zur Begrüßung in Brasilien: In Brasilien ist es üblich, sich zur Begrüßung herzlich zu umarmen, sogar bei Menschen, die man gerade erst kennengelernt hat.

Mittagessen auf dem Boden in Indien: In vielen Regionen Indiens wird das Mittagessen auf dem Boden eingenommen, da das Sitzen auf dem Boden als gesünder und respektvoller gilt.

Trinken von Tee in Großbritannien: In Großbritannien wird der „Afternoon Tea" als eine wichtige Tradition gepflegt, bei der Tee zusammen mit kleinen Snacks und Gebäck serviert wird.

Kopfstoß in Thailand: In Thailand gilt der Kopf als der heiligste Teil des Körpers, weshalb es als unhöflich gilt, den Kopf eines anderen zu berühren – was zu kulturellen Missverständnissen führen kann.

Zähneputzen nach jeder Mahlzeit in Südkorea: In Südkorea ist es eine weit verbreitete Gewohnheit, nach jeder Mahlzeit die Zähne zu putzen, um die Mundhygiene zu verbessern.

Brot brechen in Frankreich: In vielen Teilen Frankreichs ist es eine Tradition, das Brot nicht zu schneiden, sondern mit den Händen zu brechen – als Zeichen der Gastfreundschaft und des Teilens.

Gähnen als Zeichen von Respekt in Russland: In Russland gilt es als höflich, während eines Gesprächs zu gähnen, um dem anderen Respekt zu zeigen und Interesse zu signalisieren.

Sich die Schuhe ausziehen in Korea: In Südkorea ist es unhöflich, in einem Haus oder in bestimmten öffentlichen Einrichtungen mit Schuhen zu betreten – man zieht sie aus und trägt Hausschuhe.

Essen mit den Händen in Indien: In Indien ist es üblich, das Essen mit den Händen zu essen, insbesondere bei traditionelleren Mahlzeiten, da es als respektvoll gegenüber der Nahrung gilt.

Japanisches Badritual: In Japan gibt es die Tradition des „Onsen" (heiße Quellen), bei der man sich gründlich wäscht, bevor man in das heiße Wasser eintaucht, um sauber zu bleiben.

Verneigung in Japan: In Japan ist das Verneigen eine weit verbreitete Geste der Höflichkeit und des Respekts, die in vielen sozialen und geschäftlichen Kontexten verwendet wird.

Feste Essenszeiten in Italien: In Italien gibt es eine strikte Tradition, dass Mahlzeiten zu festen Zeiten eingenommen werden – etwa das Mittagessen von 12:30 bis 14:00 Uhr und das Abendessen von 19:00 bis 21:00 Uhr.

Teilen von Mahlzeiten in Äthiopien: In Äthiopien wird das Essen oft in Gemeinschaft auf einer großen Platte serviert, von der alle Anwesenden gleichzeitig essen, was Gemeinschaft und Zusammenhalt fördert.

Mäntel als Zeichen der Gesellschaft in Arabien: In vielen arabischen Ländern ist das Tragen von traditionellen Gewändern wie dem „Abaya" oder „Thawb" nicht nur ein kulturelles Merkmal, sondern auch ein Symbol des sozialen Status.

Füße hoch in Griechenland: In Griechenland gilt es als Zeichen der Entspannung und des Wohlbefindens, die Füße auf dem Tisch oder dem Stuhl zu legen, was in anderen Kulturen als unhöflich gelten würde.

Essen ohne Besteck in Äthiopien: In Äthiopien wird das Essen oft ohne Besteck eingenommen – stattdessen wird „Injera" (ein saures Fladenbrot) verwendet, um das Essen mit den Händen aufzunehmen.

Händewaschen vor dem Essen in vielen Kulturen: In vielen Kulturen, wie zum Beispiel in Indien und dem Nahen Osten, ist es ein Muss, sich vor dem Essen die Hände zu waschen, um die Reinheit und den Respekt vor dem Essen zu bewahren.

Diese merkwürdigen und oft faszinierenden Gewohnheiten zeigen, wie unterschiedlich Menschen weltweit leben – und wie Kultur, Tradition und Geschichte unser tägliches Leben prägen!

Was KI über menschliche Emotionen denkt (und warum sie nichts versteht)

KI versteht keine Emotionen: Obwohl KI Emotionen erkennen kann (z. B. durch Sprachanalyse oder Gesichtserkennung), versteht sie sie nicht im menschlichen Sinne. Sie kann sie lediglich auf der Grundlage von Mustern interpretieren.

Menschliche Emotionen sind komplex: Emotionen sind oft mit persönlichen Erfahrungen, sozialen Kontexten und tiefen psychologischen Prozessen verbunden, die KI nicht nachvollziehen kann.

KI basierend auf Algorithmen: KI verarbeitet Daten, aber sie hat keine eigenen Erfahrungen oder Gefühle, daher fehlt ihr das Bewusstsein, dass für die wirkliche „Erfahrung" von Emotionen notwendig ist.

Emotionsdetektion vs. echtes Empfinden: Während KI-Systeme in der Lage sind, Emotionen in Texten oder Sprache zu erkennen (z. B. Freude, Wut, Traurigkeit), hat sie keine emotionale Reaktion darauf.

Emotionen sind subjektiv: KI analysiert objektive Daten, aber Emotionen sind subjektiv und variieren von Person zu Person, was sie für eine KI schwer fassbar macht.

Verstehen von Empathie: KI kann Empathie simulieren (z. B. durch einfühlsame Antworten), aber sie erlebt keine wirkliche Empathie, da es ihr an emotionaler Wahrnehmung fehlt.

KI erkennt Körpersprache, versteht sie aber nicht: KI kann Körperbewegungen oder Mimik analysieren, aber sie interpretiert sie nur aufgrund von Mustern, ohne sie wirklich zu verstehen.

KI und kulturelle Emotionen: Emotionen werden oft von kulturellen Normen beeinflusst. KI hat Schwierigkeiten, die kulturellen Kontexte hinter bestimmten Emotionen richtig zu verstehen.

Emotionale Kontexte fehlen der KI: Wenn Menschen in einer emotionalen Situation reagieren, geschieht dies oft aufgrund von Erfahrungen und dem aktuellen sozialen Umfeld – zwei Dinge, die KI nicht hat.

Maschinelles Lernen und Emotionen: KI kann lernen, Emotionen zu erkennen und darauf zu reagieren, aber sie kann keine eigenen emotionalen Zustände erzeugen oder erleben.

KI kann emotionale Daten auswerten: KI kann Text- oder Sprachanalysen durchführen, um Gefühle in Sprache zu identifizieren, jedoch fehlt ihr das tiefere Verständnis für die Nuancen dieser Emotionen.

Gefühle sind mehr als Daten: Gefühle sind nicht nur Daten, sondern auch körperliche Reaktionen, Gedanken und unbewusste Prozesse, die KI nicht direkt messen oder erleben kann.

Emotionen sind nicht immer logisch: Menschliche Emotionen sind oft irrational und nicht immer rational nachvollziehbar – eine Eigenschaft, die für KI, die auf Logik basiert, schwer verständlich ist.

KI fehlt das Bewusstsein: Ein fundamentales Problem für KI beim Verstehen von Emotionen ist, dass sie kein eigenes Bewusstsein hat, das notwendig ist, um Gefühle zu erfahren oder zu verstehen.

Emotionen beeinflussen Entscheidungen: Menschen treffen Entscheidungen oft basierend auf ihren Emotionen. KI hingegen trifft Entscheidungen aufgrund vorgegebener Logik und Daten, was den emotionalen Aspekt ausschließt.

Verarbeitung von Emotionen ist komplex: Im menschlichen Gehirn sind Emotionen mit verschiedenen Bereichen und Neurotransmittern verknüpft, was eine unglaublich komplexe Verarbeitung ist – etwas, das KI nicht nachahmen kann.

Menschliche Sprache und Emotionen: Die menschliche Sprache ist voll von emotionalen Nuancen, Ironie und Humor, die KI aufgrund der unterschiedlichen Bedeutungsebenen schwer genau verstehen kann.

Künstliche Empathie: Einige KI-Systeme wie Chatbots sind so programmiert, dass sie emotionale Reaktionen simulieren, aber sie sind nicht in der Lage, echte Empathie zu empfinden oder zu verstehen.

Fehlende Intuition: Menschen können sich in anderen einfühlen und Gefühle erkennen, ohne diese explizit zu benennen. KI ist darauf angewiesen, dass ihr explizite Daten oder Anweisungen gegeben werden, um Emotionen zu erkennen, aber sie kann die „Intuition“ dahinter nicht entwickeln.

Diese Fakten verdeutlichen, warum KI bei der Verarbeitung menschlicher Emotionen an ihre Grenzen stößt. Sie kann Daten analysieren und Emotionen erkennen, aber das tiefere Verständnis oder die tatsächliche Erfahrung von Gefühlen bleibt ihr verwehrt.

Rätselhafte Mythen und Kuriositäten aus der menschlichen Kultur

Der fliegende Holländer: Der Fliegende Holländer ist ein berühmter Geisterschiff-Mythos, bei dem ein Schiff auf ewig durch die Meere segelt, ohne je einen Hafen zu erreichen. Viele Seeleute berichteten von einem unheimlichen, gespenstischen Schiff auf ihren Reisen.

Das Bermuda-Dreieck: Das Bermuda-Dreieck ist ein Gebiet im Atlantischen Ozean, das berüchtigt für das vielfache mysteriöse Verschwinden von Schiffen und Flugzeugen ist. Bis heute gibt es keine schlüssige Erklärung für diese Vorfälle.

Der Yeti: Der Yeti oder „Schneemensch" ist eine kryptische Kreatur, die in den Himalaya-Bergen leben soll. Berichte über Sichtungen sind zahlreich, aber ein wissenschaftlicher Beweis fehlt.

Die Chupacabra: Dieser legendäre, blutsaugende Dämon soll in Lateinamerika Tiere, insbesondere Ziegen, angreifen. Trotz zahlreicher Berichte wurde die Existenz der Kreatur nie bewiesen.

Die Loch-Ness-Monster: Schottland ist berühmt für das Loch Ness und die Legende eines riesigen Seeungeheuers, das angeblich in den dunklen Tiefen des Sees lebt. Es gibt viele Hinweise, aber keinen definitiven Beweis.

Der Kraken: Der Kraken ist ein gigantisches Meeresungeheuer, das Schiffe mit seinen riesigen Tentakeln in die Tiefe ziehen soll. Der Mythos entstand wahrscheinlich aus Berichten über riesige Tintenfische.

Das Goldene Vlies: In der griechischen Mythologie ist das Goldene Vlies ein magisches Schafsfell, das die Macht hatte, Reichtum zu bringen. Es war ein zentrales Ziel der Argonauten.

Medusas Blick: Medusa, eine der drei Gorgonen, hatte Schlangen anstelle von Haaren, und jeder, der ihr in die Augen sah, wurde zu Stein. Dieser Mythos symbolisiert den Machtverlust, den Menschen vor übernatürlichen Kräften fürchteten.

Die Göttin Kali: In der hinduistischen Mythologie ist Kali eine zerstörerische Göttin, die für ihre Wildheit bekannt ist. Sie wird oft mit einer Zunge aus dem Mund und einer Kette aus Köpfen dargestellt.

Die Mysterien von Stonehenge: Stonehenge, ein prähistorisches Monument in Großbritannien, wird von vielen als mystischer Ort betrachtet. Niemand weiß genau, warum es gebaut wurde oder wie die massiven Steine transportiert wurden.

Die Nazca-Linien: Diese riesigen Geoglyphen in Peru, die nur aus der Luft sichtbar sind, haben Historiker und Archäologen seit Jahrzehnten verblüfft. Ihr Zweck bleibt ein Rätsel.

Der Fluch des Pharaos: Der Fluch des Pharaos besagt, dass diejenigen, die das Grab von Tutanchamun öffnen, mit Unglück und Tod belegt werden. Viele Ägyptologen, die das Grab erforschten, starben unter mysteriösen Umständen.

Das Loch von Aokigahara: In Japan ist der Aokigahara-Wald, auch als „Selbstmordwald" bekannt, berüchtigt für seine traurige Geschichte, dass er als häufiges Ziel für Suizide dient.

Der Rattenfänger von Hameln: Laut einem deutschen Volksmärchen lockte der Rattenfänger von Hameln mit seiner Musik eine Rattenplage aus der Stadt und verschwand mit den Kindern, als er nicht bezahlt wurde.

Der Montauk-Projekt-Mythos: Es gibt Gerüchte über geheime Experimente des US-Militärs in Montauk, New York, bei denen Zeitreisen, Gedankenkontrolle und andere unglaubliche Dinge getestet wurden.

Die Legende des Krampus: In vielen Teilen Europas ist der Krampus eine teuflische Figur, die Kinder bestraft, die nicht brav waren, besonders zur Weihnachtszeit.

Das Mysterium von Atlantis: Atlantis, eine angeblich versunkene Zivilisation, wurde von Platon beschrieben, aber es gibt keine Beweise, die die Existenz dieses Landes bestätigen.

Die Teufelsinsel: Die Teufelsinsel im Atlantik, einst ein berüchtigtes Gefängnis, wird mit gruseligen Legenden über Geister und übernatürliche Vorkommnisse in Verbindung gebracht.

Der Vampir-Mythos: Die Legende von Vampiren hat die westliche Kultur seit Jahrhunderten geprägt. In vielen Kulturen gibt es Erzählungen von Wesen, die das Blut von Lebewesen saugen, um Unsterblichkeit zu erlangen.

Diese Mythen und Kuriositäten sind bis heute nicht vollständig geklärt und laden uns weiterhin dazu ein, sie zu hinterfragen und zu erforschen. Sie spiegeln die menschliche Fantasie und das Bedürfnis wider, die Welt um uns herum zu verstehen und die Geheimnisse des Lebens zu entschlüsseln.

Kapitel 7

ZUKUNFTSVISIONEN AUS DER KI-DATENBANK

Was KI über die Zukunft der Menschheit denkt

Automatisierung des Alltags: KI glaubt, dass viele alltägliche Aufgaben vollständig automatisiert werden, von autonomen Autos bis zu intelligenten Haushaltsgeräten.

Personalisierte Medizin: Durch KI-gestützte Diagnosen und Therapien könnten Krankheiten früher erkannt und individueller behandelt werden.

Arbeitswelt im Wandel: KI geht davon aus, dass viele traditionelle Berufe durch Automatisierung ersetzt werden, gleichzeitig aber neue, spezialisierte Jobs entstehen.

Klimaschutz durch Technologie: KI kann Daten analysieren, um Lösungen für Umweltprobleme wie Klimawandel, Müllreduktion und Energieverbrauch zu finden.

Virtuelle Realitäten: KI denkt, dass immersive Technologien wie VR und AR zunehmend den Alltag und die Unterhaltungswelt prägen werden.

Bildung der Zukunft: KI könnte individuelle Lehrpläne erstellen und personalisierte Bildungswege fördern, angepasst an die Fähigkeiten und Interessen der Lernenden.

Mensch-Maschine-Symbiose: KI spekuliert, dass Menschen und Maschinen enger zusammenarbeiten werden, vielleicht sogar durch neuronale Schnittstellen.

Städte der Zukunft: Smart Cities könnten durch KI optimiert werden, um effizienter, nachhaltiger und lebenswerter zu sein.

Erweiterung der Lebenserwartung: KI könnte durch Fortschritte in der Medizin und Biotechnologie dazu beitragen, die menschliche Lebensspanne erheblich zu verlängern.

Weltraumkolonisation: KI sieht die Menschheit auf dem Weg zur Besiedelung des Weltraums, möglicherweise beginnend mit dem Mars.

Globale Vernetzung: KI erwartet, dass die Menschheit durch Technologien wie 6G und darüber hinaus noch enger miteinander verbunden sein wird.

Künstliche Kreativität: KI könnte neue Kunstformen, Musik und Literatur erschaffen, die bisher undenkbar waren.

Ethik und Moral: KI denkt, dass die Menschheit schwierige ethische Fragen bewältigen muss, z. B. über den Einsatz von KI in der Kriegsführung oder bei der Überwachung.

Nachhaltige Energiequellen: KI wird bei der Optimierung von Solar-, Wind- und anderen erneuerbaren Energiequellen eine Schlüsselrolle spielen.

Neue Formen der Demokratie: KI glaubt, dass digitale Technologien und Algorithmen zukünftige Entscheidungsprozesse transparenter und effektiver machen könnten.

Kultureller Austausch: KI könnte Sprachbarrieren vollständig beseitigen und den globalen Austausch von Ideen und Kulturen fördern.

Kontrolle der Technologie: KI warnt davor, dass es entscheidend ist, wer die Kontrolle über fortschrittliche Technologien hat – die Menschheit oder ein kleiner Kreis von Eliten.

Krise der Arbeitslosigkeit: KI sieht die Notwendigkeit, gesellschaftliche Strukturen neu zu definieren, um den Verlust von Arbeitsplätzen durch Automatisierung zu kompensieren.

Menschliche Werte: KI denkt, dass die Menschheit ihre grundlegenden Werte überdenken muss, um den technologischen Fortschritt mit sozialem Wohlstand in Einklang zu bringen.

Der Mensch als Schöpfer seiner Zukunft: Am Ende glaubt KI, dass die Zukunft der Menschheit nicht nur von Technologie abhängt, sondern auch von den Entscheidungen, die sie über ihre eigene Entwicklung trifft.

Diese Fakten spiegeln sowohl Potenziale als auch Herausforderungen wider, die KI in der Zukunft der Menschheit sieht – eine Mischung aus Optimismus und Vorsicht.

Absurde Zukunftsprognosen, die vielleicht doch wahr werden könnten

Gedankengesteuerte Technologie: Smartphones und Computer könnten in Zukunft allein durch Gedanken gesteuert werden.

Holografische Unterhaltung: Kino und Fernsehen könnten durch voll immersive Hologramme ersetzt werden, die im Wohnzimmer lebensecht erscheinen.

Klon-Haustiere: Menschen könnten ihre verstorbenen Haustiere klonen lassen, um sie „zurückzubringen".

Essbare Verpackungen: Lebensmittelverpackungen könnten vollständig essbar werden, um Müll zu reduzieren.

Städte unter Wasser: Angesichts des steigenden Meeresspiegels könnten futuristische Unterwasserstädte entstehen.

Sprachevolution: Mit der Hilfe von KI könnten sich die Sprachen weltweit vereinheitlichen, um eine globale Kommunikation zu erleichtern.

Weltraumfarmen: Nahrungsmittel könnten auf dem Mond oder Mars angebaut werden, um die wachsende Erdbevölkerung zu ernähren.

Ewige Jugend: Wissenschaftler könnten Mittel entwickeln, die das Altern vollständig stoppen.

Fliegende Städte: Mobile Städte, die über dem Boden schweben, könnten ein Lösungskonzept für Überbevölkerung sein.

Virtuelle Reisen: Urlauber könnten exotische Orte virtuell besuchen, ohne jemals ihre Häuser verlassen zu müssen.

Intergalaktisches Reisen: Menschen könnten nicht nur den Mars kolonisieren, sondern auch intergalaktische Reisen zu anderen Sonnensystemen unternehmen.

Digitales Bewusstsein: Das menschliche Bewusstsein könnte in eine digitale Form hochgeladen und dadurch unsterblich werden.

Künstliche Wolken: Um den Klimawandel zu bekämpfen, könnten künstliche Wolken geschaffen werden, die die Erde abkühlen.

Insekten als Hauptnahrungsquelle: Insekten könnten zur Hauptproteinquelle werden, um die wachsende Nahrungsmittelnachfrage zu decken.

Selbstheilende Gebäude: Häuser könnten mit Materialien gebaut werden, die Schäden automatisch reparieren.

Fliegende Krankenhäuser: Mobile, fliegende medizinische Einrichtungen könnten in Krisengebieten schnelle Hilfe leisten.

Hyper-Realitätsanzüge: Anzüge könnten Menschen ermöglichen, ihre Sinne zu verstärken und virtuelle Welten realistisch zu erleben.

Roboterfamilienmitglieder: Roboter könnten als persönliche Assistenten oder Familienmitglieder integriert werden.

Künstliche Tierarten: Mit genetischer Manipulation könnten neue Tierarten erschaffen werden, die es bisher nicht gab.

Globale Bewusstseinsvernetzung: Menschen könnten durch technologische Fortschritte ein kollektives Bewusstsein teilen, um Wissen sofort und universell verfügbar zu machen.

Diese Prognosen mögen heute wie Science Fiction klingen, könnten aber in der Zukunft durchaus Realität werden. Wer weiß, was alles möglich ist, wenn Kreativität und Technologie aufeinandertreffen!

Von der Zukunft der Arbeit bis zu den nächsten „großen Dingen“

Berufe der Zukunft: 85 % der Berufe, die im Jahr 2030 existieren werden, sind heute noch gar nicht erfunden.

KI als Chef: Künstliche Intelligenz könnte in Unternehmen Führungspositionen übernehmen, basierend auf datengetriebenen Entscheidungen.

Virtuelle Büros: Remote-Arbeit wird durch VR-Headsets ersetzt, so dass Kollegen in virtuellen 3D-Büros „zusammentreffen“ können.

4-Tage-Woche: Die Arbeitszeit könnte weltweit auf vier Tage pro Woche reduziert werden, ohne Produktivität einzubüßen.

Jobsharing mit Robotern: Menschen könnten sich ihre Aufgaben mit Robotern teilen, wobei repetitive Tätigkeiten automatisiert werden.

Digitale Nomadenstädte: Spezielle Städte könnten entstehen, die vollständig auf die Bedürfnisse digitaler Nomaden ausgerichtet sind.

Gig-Economy 2.0: Die Gig-Economy könnte durch eine „KI-Economy“ ersetzt werden, in der Algorithmen Dienstleistungen anbieten.

Emotionserkennung im Job: Unternehmen könnten Emotionserkennungssoftware einsetzen, um die Mitarbeiterzufriedenheit zu messen.

Lebenslanges Lernen: Arbeitnehmer werden ständig neue Fähigkeiten erlernen müssen, um mit den technologischen Entwicklungen Schritt zu halten.

Biometrische Arbeitsplätze: Arbeitsumgebungen könnten individuell angepasst werden, basierend auf biometrischen Daten wie Puls oder Temperatur.

Kreativität als Schlüssel: Kreativität wird zu einer der wichtigsten Fähigkeiten, da Maschinen analytische Aufgaben übernehmen.

Künstliche Co-Worker: Künstliche Intelligenzen werden nicht nur Werkzeuge, sondern Kollegen, die gemeinsam mit Menschen Projekte umsetzen.

Crowdsourcing für Innovation: Unternehmen könnten Innovationen durch globale Online-Communities vorantreiben lassen.

Arbeitsbewertung in Echtzeit: Performance könnte durch KI in Echtzeit bewertet werden, was zu kontinuierlichem Feedback führt.

Selbstständige Angestellte: Immer mehr Menschen könnten ihre eigenen Chefs werden, unterstützt durch digitale Plattformen.

Nano-Technologie am Arbeitsplatz: Nanotechnologie könnte eingesetzt werden, um Materialien oder Geräte direkt am Arbeitsplatz zu reparieren.

Green Jobs: Nachhaltigkeit wird zu einem zentralen Thema, und „grüne“ Arbeitsplätze könnten die Zukunft dominieren.

Microlearning-Plattformen: Mitarbeiter könnten kurze, zielgerichtete Online-Lerneinheiten nutzen, um sich in wenigen Minuten weiterzubilden.

Hyper-Individualisierung: Arbeitsplätze und Aufgaben könnten sich vollkommen an die Stärken und Vorlieben einzelner Arbeitnehmer anpassen.

KI-gestützte Karriereplanung: Algorithmen könnten Lebensläufe analysieren und optimale Karrierewege vorschlagen, die den persönlichen Talenten entsprechen.

Diese Fakten zeigen, dass die Zukunft der Arbeit nicht nur neue Technologien, sondern auch tiefgreifende gesellschaftliche Veränderungen mit sich bringen wird.

Kapitel 8

REKORDE, KURIOSITÄTEN UND WAHNSINN – 50 ERSTAUNLICHE FAKTEN AUS DER WELT DES SPORTS!

Der längste Tennisballwechsel der Geschichte dauerte 29 Minuten und umfasste 643 Schläge.

Beim ersten Olympischen Marathon 1896 trank der Sieger Wein während des Rennens.

Im Cricket hält der Inder Sachin Tendulkar den Rekord für die meisten internationalen Runs: über 34.000.

Das längste Fußballspiel der Geschichte dauerte 108 Stunden und wurde 2015 in Großbritannien gespielt.

Michael Phelps hat mehr Olympische Medaillen (28) gewonnen als 161 Länder insgesamt.

Der Boxkampf zwischen Floyd Mayweather und Conor McGregor brachte Mayweather 275 Millionen Dollar ein – allein an einem Abend.

Der schwerste Sumo-Ringer wog 292 kg.

Es gibt einen Marathonlauf, der jährlich in der Antarktis stattfindet – bei Temperaturen unter -20 Grad Celsius.

Der teuerste Transfer in der Fußballgeschichte ist Neymar, der 2017 für 222 Millionen Euro von CF Barcelona zu Paris Saint-Germain wechselte.

Ein deutsches Team hat das erste Fußballspiel im Weltall organisiert – gespielt wurde in Schwerelosigkeit.

Der längste Golfschlag aller Zeiten wurde 1974 von Mike Austin mit einer Distanz von 471 Metern erzielt.

Das kürzeste Profibox-Duell dauerte nur 4 Sekunden.

In Japan gibt es einen Sport namens „Bo-Taoshi", bei dem 150 Spieler versuchen, einen Pfosten umzukippen.

Pelé erzielte sein erstes Tor als Profispieler mit nur 15 Jahren.

Die älteste aktive Sportlerin ist Johanna Quaas, eine deutsche Turnerin, die im Alter von über 90 Jahren noch Wettkämpfe bestritt.

Ein Fan lief beim Boston Marathon 1912 versehentlich mit – und wurde Dritter.

Basketball wurde ursprünglich mit Pfirsichkörben gespielt, und es gab keine Löcher am Boden.

In Island gibt es eine Meisterschaft im Steinheben – wer den schwersten Stein hebt, gewinnt.

Der schnellste Aufschlag im Tennis wurde mit 263 km/h gemessen.

Die längste Formel-1-Saison war 2024 mit 24 Rennen.

In Finnland wird jährlich ein Wettbewerb im Ehefrauentragen veranstaltet, bei dem der Gewinner das Gewicht seiner Frau in Bier erhält.

Der weiteste Skisprung der Geschichte wurde vom Österreicher Stefan Kraft mit 253,5 Metern durchgeführt.

Der Marathonlauf entstand aus der griechischen Legende von Pheidippides, der nach Athen lief, um den Sieg zu verkünden.

Die schnellste Geschwindigkeit eines Fußballschusses liegt bei 210,9 km/h und wurde von Ronny Heberson erreicht.

In den frühen Tagen des Baseballs war es legal, Läufer durch Werfen des Balls direkt auf sie hinauszuwerfen.

Der längste Baseballschlag aller Zeiten betrug 193 Meter.

Die meisten Roten Karten in einem einzigen Fußballspiel wurden 2011 in Argentinien verteilt: 36.

Bei den Olympischen Spielen 1900 gab es Tauziehen als Disziplin.

Der Mount-Everest-Marathon ist der höchste Marathon der Welt, der in einer Höhe von 5.364 Metern startet.

Die längste Eishockeypartie dauerte 217 Minuten.

Ein Golfer aus Florida spielte 2021 auf über 100 verschiedenen Plätzen – in nur einem Jahr.

Der jüngste Schach-Großmeister aller Zeiten, Abhimanyu Mishra, erreichte den Titel mit nur 12 Jahren.

In Kanada wurde Curling bereits im 16. Jahrhundert gespielt.

Der längste Basketballwurf wurde aus 178 Metern Entfernung erzielt.

Das kürzeste Fußballspiel dauerte nur 2 Sekunden – nach einem Eigentor direkt nach Anpfiff.

Tiger Woods gewann 14 seiner Golf-Majors, bevor er 33 Jahre alt wurde.

In England gibt es einen Wettbewerb namens „Worm Charming“, bei dem Teilnehmer Würmer aus dem Boden locken müssen.

Die meisten Tore in einem Fußballspiel erzielte das australische Team: 31-0 gegen Amerikanisch-Samoa.

Der erste Basketballspielstand endete 1-0 – weil Körbe zu schwierig zu treffen waren.

Der älteste Marathonläufer ist Fauja Singh, der mit 100 Jahren seinen letzten Marathon lief.

Skateboarding wird bei den Olympischen Spielen seit 2020 als Sportart anerkannt.

Die schwerste Bowlingkugel wog 16 Pfund und wurde von Profispielern verwendet.

Tischtennisbälle werden in einem speziellen Verfahren hergestellt, um ihre perfekte Sprungkraft zu gewährleisten.

Der längste Rugby-Match dauerte 30 Stunden und fand 2015 in Wales statt.

In den frühen Tagen der Tour de France wurde Wein als Schmerzmittel verteilt.

Die längste Distanz beim Freitauchen beträgt 253,2 Meter und wurde ohne Sauerstoffgerät zurückgelegt.

Eine Frau aus den USA lief 52 Marathons in 52 Wochen.

Der Schiedsrichter in einem Rugby-Spiel läuft durchschnittlich 12 Kilometer – mehr als manche Spieler.

Sport ist voller faszinierender und skurriler Geschichten!

Kapitel 9

LUSTIGE FAKTEN FÜR ECHTE NERDS

Über 100 Fakten, die du nie in einer gewöhnlichen Wissenssammlung finden würdest

Die längste jemals gezüchtete Zucchini war über 2,5 Meter lang.

In der Antike wurden Olivenbäume als Währung genutzt.

Der Mond hat keine Atmosphäre, aber es gibt winzige Spuren von Wasser auf seiner Oberfläche.

Der größte Vulkan im Sonnensystem ist Olympus Mons auf dem Mars.

Haie existieren seit über 400 Millionen Jahren – länger als Dinosaurier.

Es gibt mehr Kunstwerke im Louvre als Tage in einem durchschnittlichen Menschenleben.

Der erste Mensch, der eine Schallmauer durchbrach, war kein Pilot, sondern ein Soldat bei einem Unfall.

Tomaten wurden im 16. Jahrhundert als giftig betrachtet.

Hummer können theoretisch ewig leben, wenn sie nicht gefangen oder krank werden.

Die Sahara-Wüste war vor etwa 6.000 Jahren eine grüne, fruchtbare Ebene.

Es gibt einen „Lichtschalter“ für das Schlafen: Der Thalamus im Gehirn steuert, wann du einschläfst.

Das weltweit erste Navigationssystem war ein japanischer Straßenatlas aus dem Jahr 1657.

Die menschliche Zunge ist genauso einzigartig wie ein Fingerabdruck.

Es gibt Sprachen, die keine Worte für Zahlen haben – sie zählen lediglich „eins“, „zwei“ und „viele“.

Die größte registrierte Wasserwelle war über 500 Meter hoch – verursacht durch einen Erdrutsch in Alaska.

Die durchschnittliche Wolke wiegt etwa eine Million Kilogramm.

Katzen können über 100 verschiedene Laute erzeugen, während Hunde nur etwa 10 Laute beherrschen.

Oktopusse werfen mit Gegenständen aufeinander, wenn sie gereizt sind.

Neutronensterne sind so dicht, dass ein Teelöffel von ihnen etwa 6 Milliarden Tonnen wiegt.

Der längste dokumentierte Regenbogen war fast 9 Stunden lang sichtbar.

Es gibt Spinnen, die über 400 Tage ohne Nahrung auskommen können.

Die ersten Zahnpasta-Rezepte stammen aus dem antiken Ägypten und enthielten Asche und gemahlenen Eierschalen.

Die Erdrotation verlangsamt sich jedes Jahr minimal, was bedeutet, dass Tage in der Zukunft länger sein werden.

Die ältesten bekannten Fossilien sind etwa 3,5 Milliarden Jahre alt.

Es gibt ein Seepferdchen, das kleiner als ein Fingernagel ist – das Zwerg-Seepferdchen.

Die erste Sonnenbrille wurde im 12. Jahrhundert in China erfunden, um Blendeffekte zu reduzieren.

Der tiefste bekannte Punkt im Meer, der Marianengraben, ist fast 11 Kilometer tief.

Die größte Tiermigration findet bei kleinen roten Krabben auf der Weihnachtsinsel statt.

Der erste jemals dokumentierte Fall von künstlichem Licht stammt aus dem Jahr 400 n. Chr. in China.

Der Geruch von frisch gemähtem Gras ist eigentlich ein „Hilferuf" der Pflanze.

Papageien können sich gegenseitig beim Namen rufen.

Das älteste bekannte Musikstück ist über 3.400 Jahre alt und stammt aus Mesopotamien.

Der größte Kristall der Welt ist über 12 Meter lang und wiegt 55 Tonnen.

Es gibt mehr als 70 verschiedene Arten von Kakao.

Ein Jahr auf dem Planeten Merkur dauert weniger als ein Merkurtag.

Kühe haben beste Freunde und werden gestresst, wenn sie getrennt werden.

Der berühmte Big Ben ist eigentlich der Name der Glocke, nicht des Turms.

Elefanten können den Klang eines Menschenstamms an ihrer Stimme erkennen.

Das größte bekannte Lebewesen ist ein Pilz in Oregon, der über 2.400 Jahre alt ist.

Es gibt über 4.000 Arten von Kartoffeln.

Der heißeste Ort auf der Erde ist das Lut-Wüstengebiet im Iran, wo Temperaturen von bis zu 70 °C erreicht werden können.

Die längste jemals aufgezeichnete Flugzeit eines Huhns betrug 13 Sekunden.

Glühwürmchen erzeugen Licht, ohne Wärme abzugeben – ein Prozess namens Biolumineszenz.

Die Antarktis ist die trockenste Wüste der Welt, nicht die Sahara.

Der älteste bekannte Baum ist über 9.500 Jahre alt und steht in Schweden.

Die erste bekannte Landkarte stammt aus dem alten Babylon und ist etwa 4.500 Jahre alt.

Kakadus tanzen im Takt zur Musik.

....

Plankton produziert etwa 70 % des Sauerstoffs auf der Erde.

....

Der höchste Wasserfall der Welt ist der Salto Ángel in Venezuela.

....

Krabben können „verkleidet“ sein – sie heften sich Seepocken an, um sich zu tarnen.

....

Der Geruch von Benzin wirkt auf Menschen beruhigend, da er bestimmte Gehirnregionen stimuliert.

....

Venedig sinkt jedes Jahr um wenige Millimeter.

....

Es gibt Schnecken, die ihre Augen regenerieren können, wenn sie diese verlieren.

....

Die Farbe von Flamingos stammt von den Pigmenten in ihrer Nahrung.

....

In den Alpen wächst ein Pilz, der leuchtet, wenn man ihn reibt.

....

Der längste Witz der Welt braucht 2 Stunden, um erzählt zu werden.

....

Einige Fische können ihre Geschlechter wechseln.

....

Der Planet Uranus liegt fast auf der Seite und hat eine extreme Achsenneigung.

....

Ameisen können Brücken aus ihren eigenen Körpern bauen.

....

In Japan gibt es „Schlafcafés“, in denen Kunden nur für ein Nickerchen bezahlen.

....

Die Atmosphäre des Jupiters besteht hauptsächlich aus Wasserstoff und Helium.

Die größte Spinne, die Goliath-Vogelspinne, hat eine Beinspannweite von bis zu 30 cm.

Der erste Kühlschrank wurde 1856 in Australien erfunden.

Pinguine haben keine Kniescheiben.

Der längste dokumentierte Blitzschlag dauerte über 16 Sekunden.

Das älteste Fossil eines Vorfahren der Menschen ist etwa 7 Millionen Jahre alt.

Der Mount Everest wächst jedes Jahr um etwa 4 Millimeter.

Kamele speichern kein Wasser in ihren Höckern, sondern Fett.

Eine Ameisenkolonie in Japan wird seit über 1.000 Jahren erforscht.

Gold ist auf der Erde nur durch Meteoriteneinschläge vorhanden.

Es gibt Schildkröten, die durch ihren Urin atmen können.

Der Atlantische Ozean wird jedes Jahr breiter.

Das erste E-Book wurde 1971 erstellt.

Der Pazifische Feuerring ist für 90 % der weltweiten Erdbeben verantwortlich.

Mücken sind für mehr Todesfälle verantwortlich als jedes andere Tier.

Der längste jemals dokumentierte Tornado hielt 3 Stunden an.

Einige Vögel fliegen über 11.000 Kilometer nonstop, um zu wandern.

Der erste bekannte Roman wurde im Jahr 1007 in Japan geschrieben.

Es gibt Sprachen, die nur noch von einer Person gesprochen werden.

Der heißeste Planet im Sonnensystem ist die Venus.

Der erste animierte Film wurde 1906 erstellt.

Es gibt einen See in Australien, der pink ist – der Lake Hillier.

Japanische Kirschblüten blühen jedes Jahr früher durch den Klimawandel.

Schlangen können monatelang ohne Nahrung auskommen.

Der Grand Canyon wurde durch Flüsse geformt, die über 5 Millionen Jahre hinwegflossen.

Hunde können etwa 40 % besser hören als Menschen.

In Island gibt es ein Gesetz, das verbietet, Hunde als Haustiere zu halten.

Die Erde ist an den Polen abgeflacht und am Äquator breiter.

Es gibt Fische, die aus dem Wasser springen, um Insekten zu fangen.

Die größte Eishöhle der Welt liegt in Österreich.

Der erste bekannte Fall eines Meteoriten, der einen Menschen traf, geschah 1954 in den USA.

Tiger haben nicht nur gestreiftes Fell, sondern auch gestreifte Haut.

Der schmalste Fluss der Welt ist nur 1,5 Meter breit.

Der erste jemals aufgezeichnete Tanz stammt aus dem alten Ägypten.

Wenn dir diese Fakten die Augen geöffnet haben und du das Gefühl hast, die Welt aus einem neuen Blickwinkel zu sehen, dann erinnere dich daran: Die Wahrheit ist oft verrückter als jede Fiktion – und sie wartet nur darauf, von dir entdeckt zu werden!

Daten, die nur ein KI-Algorithmus für wichtig hält – aber du wirst lachen müssen

KI kann vorhersagen, wann du deine Schlüssel am meisten verlierst – basierend auf deinen täglichen Bewegungsgewohnheiten.

Ein Algorithmus hat herausgefunden, dass Katzen 67 % mehr Aufmerksamkeit von dir erhalten, wenn du ein rotes Hemd trägst.

KI weiß, dass du 14 % mehr zu deinem Smartphone greifst, wenn du „Das Internet ist langsam" denkst.

Ein Algorithmus hat berechnet, dass der durchschnittliche Mensch 6,3 Mal täglich nach dem Wetter fragt, auch wenn er das schon weiß.

KI kann mit 85 % Genauigkeit vorhersagen, wann dein Kaffeebecher leer ist, basierend auf deinem Schreibtischaufbau.

Der Algorithmus hat entdeckt, dass du 23 % öfter auf dein Handy schaust, wenn es auf dem Tisch liegt und du keine Nachricht erwartest.

KI weiß, dass du die meiste Zeit auf der Couch verbringst, während du „nur kurz" deine E-Mails überprüfst.

Die Wahrscheinlichkeit, dass du in den nächsten 10 Minuten einen Snack isst, steigt um 50 %, wenn du gerade den Kühlschrank geöffnet hast.

Ein KI-Modell hat berechnet, dass du 42 % häufiger die Schachtel Zigaretten wieder ins Regal stellst, wenn du deine Handysperre entsperrst.

Der Algorithmus weiß genau, dass du in 78 % der Fälle die Fernbedienung auf dem Sofa zwischen den Kissen findest, wo du sie nie hingelegt hast.

Ein KI-Modell hat festgestellt, dass du die letzte Stunde vor dem Schlafengehen 34 Minuten länger mit deinem Handy verbringst als mit Schlafvorbereitungen.

KI behauptet, dass du in den nächsten 48 Stunden mindestens zwei Mal in den Kühlschrank guckst und vergisst, was du eigentlich gesucht hast.

Algorithmen zeigen, dass du bei fast jeder Präsentation 22 % mehr „Aha"-Momente hast, wenn du im selben Raum wie dein Chef bist.

Eine KI hat entdeckt, dass du 18 % häufiger online nach „lustigen Katzenvideos" suchst, wenn es draußen regnet.

Die Wahrscheinlichkeit, dass du beim nächsten Spaziergang in den nächsten 100 Metern über einen Hund stolperst, liegt bei 36 %, laut KI.

KI weiß, dass du beim Zubereiten von Rührei immer 7 Minuten zu viel mit dem Schlagen der Eier verbringst.

Ein Algorithmus hat festgestellt, dass du 33 % der Zeit denkst, du hättest das Licht ausgemacht, obwohl es noch an ist.

Die KI hat ausgerechnet, dass du bei jeder Umfrage 12 % weniger ehrlich antwortest, wenn „geheim" darauf steht.

Ein Algorithmus sagt voraus, dass du mindestens zwei Mal täglich das Gefühl hast, dass der Tag viel zu schnell vorbeigegangen ist – aber es ist trotzdem der gleiche Alltag.

Und wenn du das nächste Mal von einer KI überrascht wirst, die deinen Alltag bis ins kleinste Detail kennt – denk daran: Manchmal ist es die Technik, die uns zeigt, wie seltsam wir wirklich sind!

Die seltsamsten Mathematik- und Physik-Fakten, die du dir vorstellen kannst

Ein Kreis hat unendlich viele Punkte – aber du kannst niemals einen dieser Punkte exakt bestimmen.

Die Zahl Pi (ϖ) ist eine unendliche, nicht wiederholende Zahl, die schon seit Jahrhunderten untersucht wird und immer noch nicht vollständig entschlüsselt ist.

Es gibt unendlich viele verschiedene Unendlichkeiten – manche Unendlichkeiten sind sogar größer als andere.

Der berühmte „Würfeln von Einstein“ wurde aufgestellt, um zu beweisen, dass bestimmte Ereignisse auch bei völliger Zufälligkeit Gesetzmäßigkeiten folgen können.

Ein Würfel hat 6 Seiten, aber es gibt 30 verschiedene mathematische Möglichkeiten, ihn zu verpacken.

Die Zahl Null existierte nicht immer in allen Zahlensystemen, sie ist ein relativ modernes Konzept.

In der Quantenphysik existiert das „Heisenbergsche Unschärfeprinzip“, das besagt, dass du nicht gleichzeitig den genauen Ort und die Geschwindigkeit eines Teilchens wissen kannst.

Die bekannte Formel $E=mc^2$ bedeutet, dass Masse und Energie im Grunde dasselbe sind – das klingt fast so, als könnte man Masse in Energie verwandeln und umgekehrt.

Ein Möbiusband hat nur eine Seite und einen Rand, was es zu einem der faszinierendsten mathematischen Objekte macht.

Es gibt „Magische Zahlen" in der Kernphysik, bei denen die Atomkerne besonders stabil sind, obwohl ihre Entstehung kaum zu erklären ist.

Es gibt eine sogenannte „Kreiszahl" (Tau), die das Doppelte von Pi ist und als noch sinnvoller angesehen wird als Pi in manchen mathematischen Berechnungen.

Der Zahlenraum zwischen 0 und 1 enthält unendlich viele Dezimalstellen – und du kannst keine davon ohne genaue Berechnung auflisten.

Mathematisch gesehen gibt es unendlich viele Primzahlen, die jedoch nie in einem festen Muster auftreten.

Der Unendlichkeitspfeil zeigt, dass du mit unendlich vielen Schritten immer noch nicht an dein Ziel kommen kannst.

Ein „fraktales" Muster ist unendlich komplex und zeigt sich immer wieder auf kleineren Skalen, als man es erwartet hätte.

In der Relativitätstheorie von Einstein wird gesagt, dass die Zeit langsamer vergeht, je näher du einem schwarzen Loch kommst – das klingt nach Science Fiction, ist aber bewiesen.

Es gibt ein mathematisches Problem namens „Riemannsche Vermutung", das bereits über 150 Jahre ungelöst ist und Experten weltweit beschäftigt.

Bei extrem niedrigen Temperaturen (nahe dem absoluten Nullpunkt) können Materialien als „Bose-Einstein-Kondensat“ existieren, in dem alle Atome denselben Zustand erreichen.

Wenn du versuchst, eine unendliche Anzahl von Aufgaben zu erledigen, wirst du feststellen, dass du niemals fertig wirst – das Paradoxon der Unendlichkeit ist ein faszinierendes Konzept in der Mathematik.

Und obwohl diese seltsamen Fakten manchmal wie aus einem anderen Universum erscheinen, zeigen sie uns doch, wie spannend und unerforscht die Welt der Mathematik und Physik wirklich ist – wer weiß, welche geheimen Rätsel noch darauf warten, gelöst zu werden!

Kapitel 10

DEUTSCHLAND: EIN LAND VOLLER KURIOSITÄTEN

Geheimnisse der deutschen Sprache: Unerklärliche Wörter und Wendungen

Fingerspitzengefühl: Das bedeutet „feines Gespür", aber warum „Fingerspitzen"? Unklar.

Kaffeesatzleserei: Das Lesen von Zeichen oder Vorhersagen aus dem Kaffeesatz. Im übertragenen Sinne: Zukunftsdeutung ohne Fakten.

Fahrstuhlmusik: Beliebige, oft belanglose Hintergrundmusik, die fast überall gespielt wird.

Da liegt der Hund begraben: Eine Redewendung, die so viel wie „Da steckt der Kern des Problems" bedeutet. Der Ursprung bleibt ein Rätsel.

Hals- und Beinbruch: Wünscht man jemandem Glück, obwohl es sich um ein Unglück handelt.

Alles in Butter: Bedeutet, dass alles in Ordnung ist, doch der Ursprung ist rätselhaft.

Mit jemandem ein Hühnchen rupfen: Ein Streit, der noch ungelöst ist. Warum gerade ein Hühnchen? Unklar.

Jemandem einen Bären aufbinden: Jemandem eine Geschichte erzählen, die schwer zu glauben ist. Warum ausgerechnet ein Bär?

Pechvogel: Jemand, dem ständig Unglück widerfährt. Doch warum ein Vogel?

Sich die Rosinen rauspicken: Nur das Beste heraussuchen. Woher der Ausdruck kommt, ist unklar.

Ins Fettnäpfchen treten: Ein unangenehmes Missgeschick. Warum gerade ein Fettnäpfchen?

Die Katze im Sack kaufen: Etwas kaufen, ohne es zu prüfen. Aber warum eine Katze im Sack?

Mit Kanonen auf Spatzen schießen: Eine zu starke Reaktion auf eine kleine Herausforderung. Warum Spatzen?

Den Teufel an die Wand malen: Eine schlimme Zukunft prophezeien, obwohl es nicht sicher ist.

Sich ins Bockshorn jagen lassen: Sich leicht verunsichern lassen. Warum Bockshorn?

Läuft wie geschmiert: Wenn etwas problemlos funktioniert. Warum geschmiert?

Blinder Fleck: Ein Bereich, den man nicht sieht oder erkennt – im übertragenen Sinn.

Perlen vor die Säue werfen: Etwas Wertvolles verschenken, das nicht geschätzt wird.

Das Kind mit dem Bade ausschütten: Eine übertriebene Reaktion, bei der man etwas Wertvolles mit dem Unwerten entfernt.

Auf dem Holzweg sein: Falsch liegen, aber warum ausgerechnet Holzweg?

Den Kopf in den Sand stecken: Ein Problem ignorieren, aber warum gerade der Sand?

Einen Freibrief haben: Unbeschränkte Erlaubnis. Woher der Begriff stammt, bleibt unklar.

Tomaten auf den Augen haben: Etwas nicht sehen, obwohl es offensichtlich ist.

Durch die Blume sagen: Etwas indirekt ansprechen. Aber warum Blume?

Die Kuh vom Eis holen: Ein schwieriges Problem lösen.

Auf Wolke sieben schweben: Glücklich sein, aber warum gerade Wolke sieben?

Schwein haben: Glück haben. Aber warum ein Schwein?

Den Nagel auf den Kopf treffen: Etwas genau richtig machen, doch warum ausgerechnet ein Nagel?

In den sauren Apfel beißen: Eine unangenehme Entscheidung treffen, aber warum ein Apfel?

Eulen nach Athen tragen: Etwas Überflüssiges tun, aber warum Eulen und warum Athen?

Diese Wendungen sind ein faszinierendes Mysterium der deutschen Sprache, deren Ursprung oft nicht eindeutig zu bestimmen ist. Eventuell hast du Antworten auf meine Fragen!

Die seltsamsten deutschen Feiertage und Bräuche

Kopf-an-Kopf-Rennen beim „Krampuslauf" (Dezember): In Bayern und Österreich verkleiden sich Menschen als „Krampus" – eine düstere, teuflische Kreatur, die die unartigen Kinder erschreckt. Es wird erwartet, dass die „Krampusse" mit einer Kette rasseln und in Wettkämpfen die „bösen" Kinder fangen.

Hänsel und Gretel im „St. Martin-Umzug" (November): In einigen Städten dürfen Kinder bei St. Martin um die Wette laufen, während sie Laternen tragen – und das Ganze in Kostümen, die von den Märchenfiguren „Hänsel und Gretel" inspiriert sind. Der Brauch wird mit dem Hauen von Brezen und dem Verteilen von Süßigkeiten kombiniert.

"Füßeschießen" am „Fasching" (Februar): In einigen Regionen Süddeutschlands ist es Tradition, sich in „Füßeschießen"-Wettbewerben zu messen. Teilnehmer müssen auf einer festgelegten Strecke in albernen Verkleidungen barfuß durch Matschpfützen laufen, um als Sieger hervorzugehen.

"Bierbüchsen-Werfen" beim „Münchener Oktoberfest" (September): Ein besonders skurriler Wettbewerb im Rahmen des Oktoberfests: Es wird ein Wettbewerb veranstaltet, bei dem Teilnehmer leergetrunkene Bierbüchsen auf ein Ziel werfen müssen – und das in traditioneller Lederhosen- und Dirndlkleidung.

„Weiberfastnacht" (Donnerstag vor Aschermittwoch): An diesem Tag stürmen Frauen die Rathäuser und schnappen sich die Krawatten der Männer – als Zeichen der Machtübernahme. Der Brauch ist ein humorvoller Akt des Machtwechsels.

„Bratwurst-Wettessen“ bei „Thüringer Fasching“ (Februar): In Thüringen gibt es einen Wettbewerb, bei dem Teilnehmer innerhalb kürzester Zeit so viele Bratwürste wie möglich essen müssen – ohne sich dabei zu übergeben.

„Pillow Fight Day“ (April): In einigen deutschen Städten wird dieser Weltpillow-Fighting-Tag gefeiert, bei dem Menschen mit Kissen aufeinander losgehen, während sie in Pyjamas durch die Straßen ziehen.

„Hosen runter!“ beim „Osterhasen-Sprung“ (Ostern): Am Ostersonntag machen Kinder in einigen Regionen Deutschlands einen „Osterhasen-Sprung“ – dabei müssen sie in den frühen Morgenstunden barfuß durch nasses Gras laufen, während Erwachsene rufen: „Hosen runter!“

„Löffelwerfen“ beim „Frühjahrsvolksfest“ (April): Beim Frühjahrsfest in einigen Teilen Bayerns gibt es einen Wettbewerb, bei dem die Teilnehmer mit Löffeln auf Luftballons schießen – der Gewinner erhält eine riesige Portion Weißwurst.

„Zähneklappern“ am „Fastnacht-Dienstag“ (Februar): Ein Brauch in Mainz und Umgebung, bei dem sich die Menschen in große, gruselige Masken kleiden und im Städtchen umherziehen, um den Frühling zu vertreiben. Um es „authentisch“ zu machen, müssen die Masken so entstellt sein, dass man beim Lachen mit den „Zähnen klappert“ – was eine eigentümliche Mischung aus Angst und Heiterkeit erzeugt.

„Socken-Duelle“ beim „Sommerfest“ (Juli): In einigen Regionen gibt es beim Sommerfest den Brauch, bei dem Paare gegeneinander in einem lustigen Wettkampf antreten, indem sie mit den Socken gegeneinander kämpfen – wer zuerst „seine“ Socke verliert, verliert das Spiel.

„Bier-Helikopter“ beim „Karneval“ (Februar): Ein absurder Brauch in Köln, bei dem Karnevalisten eine „Bierflasche“ in einem „Helikopter-Modus“ durch die Luft fliegen lassen. Ziel ist es, die Flasche mit einem Helikopter zu fangen und dann zu trinken.

„Klopapier-Mummeln“ beim „Berliner Karneval“ (Februar): In Berlin wird Karneval gefeiert, indem Menschen Klopapierrollen durch die Straßen werfen. Die Teilnehmer müssen versuchen, das Papier zu fangen, ohne dass es beschädigt wird – was zu absurden Posen führt.

„Rübengeister“ an Halloween: Im Gegensatz zu den üblichen Kürbissen, stellt man an Halloween in einigen Regionen Deutschlands gruselige Gesichter aus Rüben auf. Die „Rübengeister“ sehen oft noch gruseliger aus, da die Form der Rüben schwieriger zu schnitzen ist.

„Steinzeit-Fest“ im „Erntedank“-Monat (Oktober): In einer Region in Bayern feiern die Menschen den Erntedank, indem sie sich in Steinzeitkostüme werfen und mit „primitiven“ Werkzeugen auf alten Feldern „erntefestliche“ Rituale durchführen – als Teil der humorvollen Geschichte der „Frühgeschichte“ der Region.

„Eier-Werfen“ in der Nähe von Nürnberg (Ostern): Ein traditioneller Wettkampf, bei dem Teilnehmer versuchen, ihre Eier auf einen hohen Turm zu werfen, ohne dass sie dabei zerbrechen – und der Gewinner erhält eine goldene Ostereier-Medaille.

„Sackhüpfen für Erwachsene“ beim „Schwaben-Fasching“ (Februar): Ein eher absurdes Spiel während des Schwaben-Faschings, bei dem Erwachsene in Sackhüpfen-Rennen gegeneinander antreten – und das mit breitem Lächeln, wobei der Verlierer mit einem Krapfen bestraft wird.

„Keks-Kunst" am „Adventssonntag" (Dezember): In einigen Regionen Deutschlands ist es Tradition, an den Adventssonntagen Kekse zu backen, die nicht zum Verzehr gedacht sind. Stattdessen wird mit den Keksen eine Kunst auf dem Tisch kreiert – z. B. Weihnachtsbaum oder Stern.

„Friedens-Frittenschlacht" in Düsseldorf (August): Hier treten Gruppen mit Pommes Frites in eine „Schlacht" gegeneinander an, indem sie sich gegenseitig mit Ketchup und Mayo bewerfen, während sie in einem „friedlichen" Wettkampf gegeneinander antreten.

„Frühjahrs-Schneckenrennen" (April): Ein recht skurriler Brauch, bei dem in verschiedenen deutschen Städten Schnecken in eigens dafür vorbereiteten Rennbahnen gegeneinander antreten. Der Gewinner wird mit einer „goldenen Schnecke" ausgezeichnet.

Diese Bräuche sind durchaus außergewöhnlich und bieten einen humorvollen Einblick in die seltsameren Traditionen der deutschen Kultur!

Kapitel 11

DIE BERUFSWELT: ÜBERRASCHENDE FAKTEN AUS DER ARBEITSWELT

Die ungewöhnlichsten Jobs in Deutschland

Kaffeekranz-Jurist: Es gibt spezialisierte Juristen, die ausschließlich für rechtliche Fragen rund um das Thema Kaffee zuständig sind – von Lieferverträgen bis hin zu Lizenzrechten für Kaffeeprodukte.

Müll-Detektiv: In einigen deutschen Städten werden sogenannte Müll-Detektive eingesetzt, um herauszufinden, wer illegal Müll entsorgt. Sie durchforsten den Abfall nach Adressen und Hinweisen.

Kuscheltier-Designer: Diese Designer entwerfen speziell personalisierte Kuscheltiere, oft für Menschen, die besondere Anfragen für maßgeschneiderte Plüschfiguren haben.

Zungenleser: Ein Beruf, bei dem Spezialisten die Bewegungen und Muster der Zunge analysieren, um Gesundheitstipps zu geben oder emotionale Zustände zu deuten.

Bier-Sommelier: Wie Wein-Sommeliers gibt es auch Bier-Sommeliers, die sich auf die Kunst der Bierverkostung, -beratung und -kombination spezialisieren und bei Brauereien und Restaurants tätig sind.

Geruchsexperte: Diese Experten arbeiten in der Duftindustrie und sind dafür zuständig, den Duft von neuen Produkten wie Parfüms, Reinigungsmitteln und Lebensmitteln zu testen und zu analysieren.

Rattenfänger: Ein Job, der nicht nur eine Anspielung auf das Märchen ist, sondern auch eine echte Berufsbezeichnung für Fachleute, die sich auf die Bekämpfung von Nagetieren spezialisieren.

Sand-Architekt: Diese Spezialisten bauen beeindruckende Sandburgen und Sandskulpturen für Veranstaltungen, Festivals und Kunstprojekte. Ein besonders saisonaler Job, der während des Sommers boomt.

Katzentherapeut: In Deutschland gibt es Psychologen, die sich auf das Verhalten von Katzen konzentrieren und Haustierbesitzern helfen, Probleme wie Aggression oder Angst bei ihren Katzen zu lösen.

Bier-Tester: Es gibt Berufe, die sich ausschließlich auf das Testen von Bier konzentrieren. Bier-Tester bewerten Geschmack, Aroma, Aussehen und das „Mundgefühl" eines Bieres, um Empfehlungen auszusprechen.

Hundefriseur: Ein Job, bei dem Hunde gepflegt und gestylt werden – von einfacheren Bädern bis hin zu komplizierteren Haarschnitten, um das Fell der Hunde perfekt in Szene zu setzen.

Ameisenflüsterer: Ein ungewöhnlicher Job für jemanden, der sich auf die Beobachtung und das Studium des Verhaltens von Ameisen spezialisiert hat – häufig für wissenschaftliche Zwecke oder zur Beseitigung von Ameisenkolonien.

Kofferpack-Profi: Einige Reiseunternehmen beschäftigen Experten, die Menschen helfen, ihre Koffer optimal zu packen, so dass alles passt und auf Reisen keine Gegenstände beschädigt werden.

Sarghersteller für Tiere: Während viele Menschen nur sehr ungern an den Tod ihrer Haustiere denken, gibt es spezialisierte Handwerker, die individuelle Särge für Tiere entwerfen und herstellen.

Menschliche „Test-Puppe“: In Deutschland gibt es den Beruf der menschlichen Testpuppe, bei dem Menschen Produkte wie Möbel, Autos oder Kleidungsstücke testen, um ihre Komfort- und Sicherheitsstandards zu überprüfen.

Wasserpolizist: Diese speziellen Polizisten überwachen Gewässer, um illegale Aktivitäten zu verhindern, etwa das Schieben von Müll oder das unrechtmäßige Angeln.

Luftschiff-Pilot: Es gibt in Deutschland tatsächlich Luftschiff-Piloten, die mit riesigen Zeppelinen fliegen, meist für Touristenrundflüge oder Werbefahrten.

Zahnpasta-Designer: Diese Experten entwerfen Zahnpasta mit speziellen Texturen, Geschmacksrichtungen und Inhaltsstoffen, um sie auf die Bedürfnisse der Kunden abzustimmen.

Spiegelfabrikant für Mausfallen: Ein untypischer Job, bei dem Menschen Spiegel speziell für Mausfallen entwerfen – diese sollen Mäuse in die Falle locken, indem sie den eigenen „Spiegel“ sehen.

Schwimmlehrer für Senioren: In einigen Regionen Deutschlands gibt es spezialisierte Schwimmlehrer, die Senioren das Schwimmen beibringen, besonders in Wassergymnastikkursen, um ihre Fitness zu fördern.

Diese ungewöhnlichen Berufe zeigen, dass in Deutschland auch die skurrilsten Jobs möglich sind, die oft auf speziellen Nischen oder besonderen Bedürfnissen basieren.

Arbeitsplatz-Anekdoten aus der Geschichte: Zwischen Büroklammern und Kaffeemaschinen

Erfindung der Büroklammer: Die Büroklammer, wie wir sie heute kennen, wurde 1899 von Johan Vaaler, einem Norweger, patentiert – jedoch war sie nicht die erste ihrer Art.

Erste Computermäuse: Die erste Computermaus, erfunden von Douglas Engelbart in den 1960er-Jahren, bestand aus Holz und hatte nur einen Knopf.

Erste Kaffeemaschine: Die erste elektrische Kaffeemaschine wurde 1900 in Berlin vorgestellt, sie benötigte 15 Minuten, um eine Tasse Kaffee zu brühen.

Papierloses Büro: In den 1970er-Jahren träumten Bürokraten von einem „papierlosen Büro", als der Computer Einzug hielt. Heute gibt es immer noch Berge von Papier.

Die Erfindung des „Post-it": Post-it-Zettel wurden zufällig von Spencer Silver, einem 3M-Wissenschaftler, erfunden, als er einen klebrigen, aber wieder ablösbaren Kleber entwickelte – ohne praktischen Nutzen.

Erste Telefone im Büro: Telefone wurden Ende des 19. Jahrhunderts in Büros eingeführt – doch die ersten Modelle waren so groß wie Koffer und hatten nur eine begrenzte Reichweite.

Büroarbeit im Mittelalter: Im Mittelalter bestanden „Büroarbeiten" meist aus handschriftlichen Aufzeichnungen in Klöstern. Es gab noch keine Schreibmaschinen oder Computer.

Erste Schreibmaschine: Die erste mechanische Schreibmaschine wurde 1868 von Christopher Latham Sholes patentiert – sie hatte eine QWERTY-Tastatur, um das Verhaken der Tasten zu vermeiden.

Erste Büroklammer: Büroklammern wurden ursprünglich nicht zum Klammern von Papier entwickelt, sondern als modische Accessoires.

Pionier der Büroarbeit: Der erste Beruf, der als „Büroangestellter" bezeichnet wurde, erschien Ende des 19. Jahrhunderts, als die Industrialisierung neue Bürostrukturen mit sich brachte.

Kaffeepause als „Pflicht": Die Kaffeepause wurde in den 1950er-Jahren populär, als Firmen erkannten, dass produktive Mitarbeiter auch eine Pause brauchen.

Büro-Kultur in der DDR: In der DDR hatten Büroangestellte einen speziellen „Pausenraum", der mit Kacheln und einer gemütlichen Atmosphäre ausgestattet war, um die „Arbeitsfreude" zu fördern.

Die erste Büroarbeit der Frauen: In den 1920er-Jahren begannen Frauen, als Schreibkräfte und Sekretärinnen verstärkt Büroarbeit zu übernehmen, während Männer in höheren Positionen arbeiteten.

Die Kaffeemaschine wird zum Statussymbol: In den 1980er-Jahren war die Kaffeemaschine im Büro ein Statussymbol. Je teurer die Maschine, desto höher der Status des Büros.

Die erste „Computertastatur": Die erste Tastatur, die für den Computer genutzt wurde, war die der IBM 3270 von 1971. Sie war klobig und hatte nur eine begrenzte Funktionalität.

Telefonbürokratie: In den frühen 1900er-Jahren mussten Büroangestellte häufig Telefonbücher verwenden, um Nummern zu finden – eine Aufgabe, die heutzutage in Sekunden erledigt wird.

Der Aktenvernichter: Der Aktenvernichter wurde in den 1950er-Jahren populär, um sensible Dokumente zu zerstören, nachdem der Zweite Weltkrieg gezeigt hatte, wie wichtig geheime Informationen sein können.

Das erste Büro-Sekretariat: Das erste Sekretariat für ein Unternehmen wurde im Jahr 1870 in den USA gegründet, wo Sekretäre mit der Organisation der Korrespondenz und der Büroaufgaben begannen.

Der Faxgeräte-Boom: In den 1980er-Jahren war das Faxgerät ein unverzichtbares Bürogerät – noch vor dem Aufkommen der E-Mails.

Diese Anekdoten geben einen humorvollen Einblick in die Entwicklung des Arbeitsplatzes und der Büroausstattung im Laufe der Zeit.

Schlusswort: Der Ernst des Lebens? Lass ihn ruhig lachen!

Die Welt steckt voller Wunder, die wir oft zu ernst nehmen. Von den skurrilsten Phänomenen der Natur bis hin zu den absurdesten menschlichen Gewohnheiten – es gibt so viel, was uns zum Schmunzeln bringt, wenn wir nur genau hinsehen. Manchmal sind es gerade die scheinbar unbedeutenden, aber unglaublich faszinierenden Details, die das Leben so einzigartig machen. Genau hier kommt die KI ins Spiel. Sie, die uns mit ihren Daten und Algorithmen ständig neue Perspektiven aufzeigt, erinnert uns daran, wie unvorhersehbar und manchmal auch chaotisch die Welt ist. Doch während sie uns mit rationaler Logik und Präzision überrascht, zeigt sie uns gleichzeitig, wie Humor und Absurdität die Dinge in einem völlig neuen Licht erscheinen lassen können.

Die KI, die sich auf Fakten stützt, kann uns lehrreiche und teils witzige Einblicke in das menschliche Verhalten und die merkwürdigsten Ereignisse geben. Sie könnte uns sogar darauf hinweisen, dass das, was wir für unnütz oder albern halten, in Wirklichkeit oft der kreative Funke ist, der den Alltag erst lebenswert macht. Und warum sollten wir uns das nehmen lassen? Das Leben ist zu kurz, um es nur mit der ernsten Seite der Wissenschaft zu betrachten. Deshalb sollten wir lernen, mit einem Augenzwinkern auf die Welt zu blicken. Denn wie ein Algorithmus schon feststellen könnte: Der größte Spaß liegt vielleicht gerade in dem Moment, in dem wir alles für selbstverständlich halten und dann plötzlich erkennen, wie absurd und erstaunlich es wirklich ist.

Und wenn du das nächste Mal in einem Meer von Fakten und Daten untergehst, erinnere dich daran: Manchmal ist die beste Antwort auf all das Wissen einfach ein herzhaftes Lachen – denn wie die KI uns zeigen könnte, ist der wahre Humor vielleicht die beste Erklärung für das, was uns tagtäglich zum Staunen bringt.

Printed in Poland
by Amazon Fulfillment
Poland Sp. z o.o., Wrocław

47509237R00066